임진왜란과
지방 사회의 재건

임진왜란과
지방 사회의 재건

장경남 김성우 정재훈 최은주 김윤정

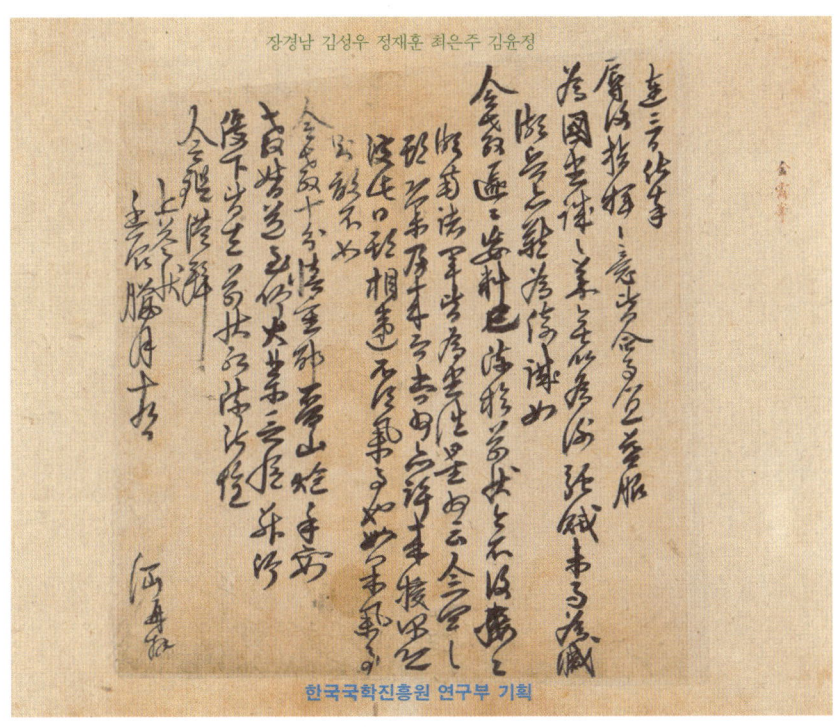

한국국학진흥원 연구부 기획

새물결

임진왜란과 지방 사회의 재건

지은이 | 장경남 김성우 정재훈 최은주 김윤정
기 획 | 한국국학진흥원 연구부
펴낸이 | 조형준
펴낸곳 | 새물결 출판사
1판 1쇄 2015년 12월 23일
등록 | 서울 제15-52호(1989.11.9)
주소 | 서울특별시 마포구 포은로 5길 46 2층 121-822
전화 | (편집부) 3141-8696 (영업부) 3141-8697 팩스 3141-1778
이메일 | saemulgyul@gmail.com
ISBN 978-89-5559-390-7(93900)

ⓒ 한국국학진흥원 연구부

이 책의 한국어판 저작권은 한국국학진흥원과 새물결 출판사에 있습니다.
신저작권법에 의해 보호받는 저작물이므로 무단 전재와 복제를 금합니다.

책머리에

　임진왜란은 조선 왕조가 건국된 이래 조선사회가 겪었던 가장 큰 재난이었다. 1592년 4월, 일본군의 부산포 공격으로 시작된 7년간의 전쟁은 조선사회를 충격과 혼란으로 몰아넣었다. 특히 경상도 지역은 일본군의 주둔지로 또 격심한 전투가 벌어졌던 전장으로 초토화되었고, 전쟁이 끝난 이후에도 전후 복구에 상당한 시일이 소요되었다.
　이렇게 조선을 강타한 임진왜란 이후 지역의 선비들은 전쟁의 참화를 벗어나기 위해 어떤 노력을 기울였을까? 무너진 사회를 어떤 모습으로 다시 재건하려 했을까? 이러한 질문들을 던져놓고 2015년에 다섯 명의 연구자가 한국국학진흥원에 모여 치열하게 고민했다.
　정부가 전쟁의 피해를 복구하고 새로운 사회를 건설하기 위한 기울인 노력들은 많이 알려져 있지만 지역 사회에서 구체적으로 전쟁에 어떻게 대응하고 이를 극복했는지에 대해서는 그동안 거의 주목하지 못했었다. 이 책은 그동안의 이러한 연구 공백을 메워 전쟁으로 무너진 지역 사회를 재건하기 위해 영남 선비들이 어떤 노력을 기울였는지를 밝히기 위한 시도이다. 이를 통해 우리는 지역의 다양한 사회 현상을 전후의 사회적 변화와 함께 재건 노력에 의해 나타난 결과로 설명해보려 했다. 다행히 임진왜란 전후를 살았던 영남의 선비들이 자신의 경험과 더불어 당시의 사실을 꼼꼼하게 기록한 일기를 남겨 그때의 실상에 구체적으로 접근해 볼 수 있었다.

한국국학진흥원은 미시사로서 한국사의 새로운 가능성을 탐색해보기 위해 2013년부터 일기를 대상으로 조선후기 지방 사회를 깊이 읽는 작업을 진행해오고 있다. 이 책은 그러한 노력의 두 번째 결과물로, 17세기에 전쟁이 통과한 지역 사회 곳곳의 속살을 파헤치고 있다.

먼저 1장에서는 경상우도의 함양 지역에 거주한 고대孤臺 정경운鄭慶雲이 기록한 일기를 통해 한 개인이 어떻게 전쟁을 체험했으며 이 과정에서 직면한 위기에 일상적으로 어떻게 대응하고 극복하는지를 살펴보고 있다. 정경운은 전쟁 초기에는 의병군 소모유사로 활동했고, 나중에는 익산까지 피난을 가는 상황을 맞이하기도 했다. 그는 이러한 전쟁의 고난 속에서도 과거를 통한 입신양명 의지를 꺾지 않은 채 전후 불안한 시대의 수없는 고통과 좌절을 극복하려고 했다. 2장에서는 예안 지역의 사족들이 남긴 일기들을 검토해 전쟁 직후 광해군 대의 사회경제적 변화를 중앙과 지역이라는 두 시선으로 교차 관찰하려고 시도하고 있다. 필자는 이 글에서 이 시기에 조선 전반의 정치경제적 상황은 어떠했고, 이에 따라 지역 경제는 어떻게 운영되고 있었는지를 살핀 후 중앙의 사회경제적 변화들이 어떤 방식으로 지역 사회에 영향을 끼치고 있는지를 주목하고 있다. 이 장은 광해군의 조정이 종말을 향해 달려가던 상황에서 중앙 정계의 동향이 지역 사회에도 그대로 전달되어 정치경제 상황이 요동치고 있었음을 잘 보여주고 있다. 이를 위해 필자는 계암鷄巖 김령金坽이 남긴 일기를 통해 인조반정 직전에 이제 막 회복세로 들어서고 있던 예안 지역의 미시적 실상을 꼼꼼하게 들여다보고 있다.

3장은 대구 지역의 대표적 학자이자 의병장이었던 모당慕堂 손처눌孫處訥의 일기를 분석한 것이다. 일기에 기록된 손처눌의 교육 활동을 통해 당시 사림 내지 사족들이 전쟁이 휩쓸고 간 지역 사회의 현장에서 어떠한 활동을 했는지, 이를 통해 무엇을 추구했는지, 궁극적으로 사족들의 정체성을 어떻게 형성해 나갔는지를 살펴본다. 필자는 이를 통해 임진왜란 이후 대구 지역은 "종래 공적인 교육 체계였던 향교를 대신해 선사재나 연경서원 등의 사학을 통해 새로운 교육을 모색"했으며, "강학 활동을 통해 자신을 연마하면서 종래와는 다른 사족 중심의 질서 내지 국가 질서의 구축까지 추구했다"는 사실을 밝혀내고 있다. 4장에서는 임진왜란 이후 전쟁에 참여한 사족들이 어떻게 지역의 공론을 생성하고 운영했는지 그리고 생성된 공론을 어떻게 활용했는지를 살펴본다. 당시 공론 생성과 활용은 크게 두 가지 유형으로 구분되었는데, 하나는 지역적·학파적 대의명분에 의거해 지역 사림의 결속을 강화하고 중앙정부에 대한 정치적 대응을 시도하기 위해 적극적으로 공론을 형성했던 것이고, 다른 하나는 지역 내 사림 세력의 분화에 따라 각각의 입장과 이해관계를 위해 공론을 형성하고 또 운영했던 것이다. 이 장은 일기에 묘사된 지역 사회의 공론 형성과 활용 사례들을 끄집어내 전후 급속도로 분화되는 지역 사림의 상황을 세밀하게 보여준다.

마지막 5장에서는 예천 지역을 대상으로 전쟁 이전의 초간草澗 권문해權文海와 전후 죽소竹所 권별權鼈 부자의 일기를 비교 검토해 의례생활의 변천을 살펴본다. 전쟁 이전과 이후, 이 시대는 여전히 양계적 친족 관면이 강하게 드러나지만 부계 친족의 유대를 중심으로 종법적 의례 실천이 강조되는 과도기적 양상을 드러내고 있었다. 이 속에서 사족들은 상장례에서 『주자가례』를 수용하고 그에 따른 실천을 지향했으며, 이러한 분위기를 토대로 의례를 더욱 정교화하면서 의례 질서를 확립해 나가고 있었다. 이 장은 이러한 점진적 과정들을 깊이 파헤치고 있다.

이 책에서 집중적으로 조명되는 17세기 초 영남 사족들의 일기는 400여 년간 공개되지 않았던 임진왜란 직후의 조선사회의 속살을 보여준다. 특히 전쟁 동안 의병으로 또는 관료로 활동한 여러 인사들은 전쟁이 끝난 후 지역 사회에서는 확고한 지도력을 확보했다. 그로 인해 조선사회는 성리학이 체화되는 사회로 전진해 나갔다. 16세기에 이론적 측면에서 주목된 성리학은 이제 실천의 도구로 자리 잡았으며, 사족이 주도권을 행사하는 사족의 시대가 열리게 되었다. 이 책은 이러한 조선사회가 임진왜란을 계기로 성리학을 내재화한 선비들이 각 지역에서 어떻게 주체로 자리를 다지고 이후 200년의 사회를 주도하게 되었는지 밝히는 데 목적이 있다.

2015년 12월
한국국학진흥원 연구부

차 례

책머리에 · 9

1장

『고대일록』으로 본 정경운의 전란 극복의 한 양상

1. 정경운의 임진왜란 체험일기, 『고대일록』 · 15
2. 『고대일록』에 기록된 정경운의 삶 · 20
3. 정경운의 문학적 재능의 표현물, 『고대일록』 · 24
4. 과거를 통한 관직 진출의 욕망 표출과 전란 극복 · 46

2장

광해군 치세 3기(1618~1623년) 국가재정 수요의 급증과 농민 경제의 붕괴

1. 들어가며 · 67
2. 국가재정 수요의 급증 · 71
3. 농민 경제의 실상 · 86
4. 경상도 예안 지역 사회의 동향 · 94
5. 나오며 · 99

3장

『모당일기』를 중심으로 본 손처눌의 교육 활동

1. 들어가며 · 107
2. 생애 · 109
3. 사우와의 관계 · 114
4. 교육 형태 · 122
5. 교육의 내용 · 135
6. 나오며 · 142

4장

17세기 전반 안동 권역 사림 공론의 형성 과정과 특징

1. 들어가며 · 147
2. 안동 권역 사림 공론의 형성: 배경과 과정 · 150
3. 안동 권역 사림 공론 형성의 특징 · 153

5장

16~17세기 예천권씨가의 친족관계와 의례생활
– 일기와 기행록을 중심으로

1. 들어가며 · 177
2. 권문해의 생애와 친족관계 · 180
3. 남귀여가혼과 거주 관행의 변화 · 189
4. 『가례』 중심의 상례와 변용 · 193
5. 제례 공간의 확립과 실천 · 204
6. 나오며 · 215

일러두기

1. 옛 한적漢籍의 현대어 번역은 맞춤법이나 띄어쓰기 등이 국립국어원의 한글 맞춤법과 다른 경우에도 가능한 그대로 두었다.
2. 옛 전적의 경우 저서는 『　』로 논이나 소 그리고 각종 공사문서의 경우에도 「　」로 표시했다.
3. 인지명 등은 최대한 중복을 피하기 위해 이미 앞에서 나온 경우 한문 병기를 최소화했다.

1장

『고대일록』으로 본 정경운의 전란 극복의 한 양상

장경남

01

1. 정경운의 임진왜란 체험일기, 『고대일록』

임진왜란 초기 조선은 일본군의 공격에 속수무책일 수밖에 없었다. 단시간에 한양이 공략당하고 선조는 의주로 피난을 가는 상황까지 맞이했다. 전쟁 초기에 이렇다 할 대응을 보이지 못하던 조선은 그나마 영남 지역을 중심으로 결성된 의병의 활약에 힘입어 전쟁을 극복할 계기를 마련할 수 있었다. 영남 지역에서 사족을 중심으로 결성된 의병은 전쟁 동안 영남 지역을 보존하는 데 중요한 역할을 했으며, 의병 활동에 적극적인 지원을 아끼지 않았던 사족은 전후에도 영남 사회를 재건하는 데서 큰 역할을 했다. 이는 일기를 통해 확인할 수 있는 바, 함양에서 전쟁을 직접 체험하면서 자신의 체험을 일기로 남긴 고대 정경운의 『고대일록』이 그것이다.

『고대일록』은 정경운이 전란 때 초유사 김성일의 소모유사召募有司로, 의병장 김면金沔의 소모종사관召募從事官으로 활약하면서 자신이 체험한

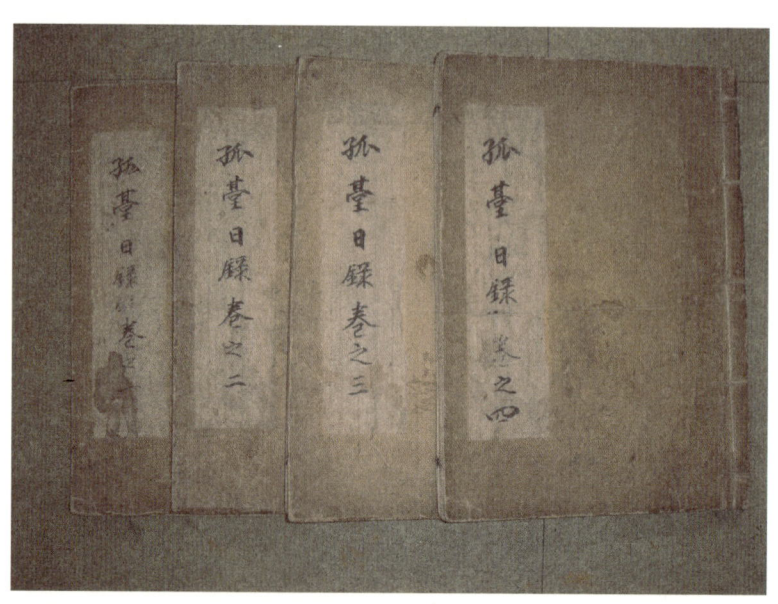

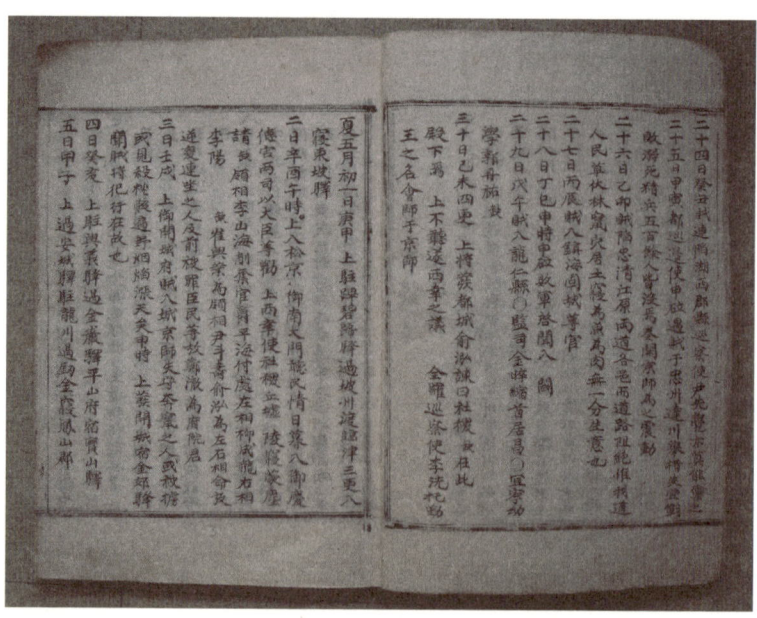

『고대일록』, 정경운이 임진왜란이 일어난 1592년(선조 25년)부터 18년간에 걸쳐 작성한 일기.

의병 활동을 비롯해 당시의 전언이나 편지, 조보朝報, 방문榜文까지 수록하고 있다. 또한 정인홍의 대표적 문인이자 사족 신분으로 고향인 함양을 중심으로 활동한 정황도 생생히 기록되어 있다.

『고대일록』은 임진왜란의 발생부터 종전 후까지 함양 지역에서 일어난 주요한 사건 및 지역 인물들과의 교류 등을 고스란히 기록하고 있다. 따라서 이 책은 한 사족이 겪었던 개인 전쟁 체험기인 동시에 함양 지역을 중심으로 한 지역민의 동향과 전후 동태를 파악할 수 있는 주요한 기록물인 셈이다. 즉 함양이라는 특정한 지역에서 18년간 겪은 개인적 일들을 기록하고 있는 점에서 가치가 매우 높을 뿐만 아니라 전후 복구 시기에 전쟁 극복의 주역이었던 사족이 지역 사회에서 어떠한 위상을 갖게 되었는지 등의 동향에 대해 많은 정보를 제공해주고 있다. 특히 함양에 거주하면서 기록한 내용이므로 여러 사건에 대한 시계열적 이해와 지역 사회의 변화 양상을 동시에 보여준다는 자료적 장점이 있다.[1]

『고대일록』은 오이환에 의해 1986년에 발굴 공개된[2] 이후 다각도로 연구되어 왔다. 김윤우는 『고대일록』을 영인해 학계에 소개하는 지면을 통해 고대 정경운의 생애와 『고대일록』의 전승 경위를 밝힘으로써 연구의 토대를 놓았다.[3] 이를 통해 『고대일록』의 실체가 학계에 알려졌고, 임진왜란 시기에 기록된 실기實記를 논의하는 자리에서도 소개되었다.[4] 양반층 주도의 전후 복구 사업의 전개에 대한 연구에서 『고대일록』을 활

---

1) 노영구, 「총론: 전쟁과 일상 - '孤臺日錄'을 통한 임진왜란 이해」, 『역사와 현실』 64, 한국역사연구회, 2007, 27면.
2) 오이환, 「南冥集 板本考(1)」, 『한국사상사학』 1, 한국사상사학회, 1987.
3) 金侖禹, 「咸陽 義兵有司 鄭慶雲과『孤臺日錄』」, 『南冥學硏究』 2, 慶尙大 南冥學硏究所, 1992.
4) 장경남, 「임진왜란 실기문학 연구」, 숭실대학교 박사학위논문, 1998.
최재호, 「남명학파의 임진왜란 전쟁실기 연구」, 경북대학교 박사학위논문, 2011.

용한 연구5), 함양을 포함한 경상 우도 의병의 활동과 전쟁사적 의미를 분석한 연구6) 등이 이어졌다. 이후 『고대일록』에 대한 본격적인 연구가 이루어진바, 특히 향촌 사림의 전쟁 체험 양상을 집중적으로 살핀 공동 연구는 연구사적 의의가 높다고 하겠다.7) 이어 『고대일록』이 번역되면서 연구는 한층 더 심화되었는데, 번역과 함께 저작자의 서술 의식, 정치 사회적 상황, 스승 정인홍, 명군의 모습 등을 밝히는 등 다각도의 연구가 이루어졌다.8) 최근에는 함양 사족층의 동향9), 정경운의 사우 관계와 학문 경향10), 실록과의 비교11), 정경운의 시와 산문에 대한 연구12) 등으

---

5) 김성우, 「임진왜란 이후 전후복구사업의 전개와 양반층의 동향」, 『한국사학보』 3~4, 고려사학회, 1998.
6) 金敬洙, 「壬辰倭亂 關聯 民間日記 鄭慶雲의 '孤臺日錄' 硏究」, 『國史館論叢』 92, 국사편찬위원회, 2000.
7) 노영구, 「총론: 전쟁과 일상 - '孤臺日錄'을 통한 임진왜란 이해」, 『역사와 현실』 64, 한국역사연구회, 2007.
정해은, 「임진왜란 시기 경상도 사족의 전쟁 체험 - 함양 양반 정경운을 중심으로」, 『역사와 현실』 64, 한국역사연구회, 2007.
권기중, 「임진왜란 시기 향리층의 동향과 전후의 향리사회 - 경상도 지역을 중심으로」, 『역사와 현실』 64, 한국역사연구회, 2007.
이선희, 「임진왜란 시기 함양 수령의 전란대처 - '고대일록'을 중심으로」, 『진단학보』 110, 진단학회, 2010.
8) 정우락, 「'孤臺日錄'에 나타난 서술의식과 위기의 일상」, 『퇴계학과 한국문화』 44, 경북대퇴계연구소, 2009.
박병련, 「'孤臺日錄'에 나타난 정치사회적 상황과 의병 활동의 실상」, 『남명학』 15, 남명학연구원, 2010.
설석규, 「鄭慶雲의 현실인식과 '孤臺日錄'의 성격」, 『남명학』 15, 남명학연구원, 2010.
신병주, 「'고대일록'을 통해 본 정경운의 영원한 스승, 정인홍」, 『남명학』 15, 남명학연구원, 2010.
한명기, 「'孤臺日錄'에 나타난 明軍의 모습」, 『남명학』 15, 남명학연구원, 2010.
9) 원창애, 「'고대일록'을 통해 본 함양 사족층의 동향」, 『남명학연구』 33, 경상대 남명학연구소, 2012.
10) 최경진, 「'고대일록'을 통해 본 정경운의 사우관계와 학문 경향」, 한양대학교 석사학위

로 연구 범위가 확대되고 있다.

기존 연구를 통해 고대 정경운에 대한 연구, 경상우도의 의병 활동에 대한 연구, 전쟁 기간 중의 향촌 사림의 전쟁 체험 및 대응, 남명학파의 동향 연구, 고대의 시문 연구 등으로 연구가 심화 확대되는 현상을 읽을 수 있다. 특히 2007년에 발간된 한국역사연구회의 『역사와 현실』 64집과 2010년 남명학연구원의 『남명학』 15집에 수록된 논문들은 『고대일록』을 다각도로 분석한 성과들로 연구사적 의미가 크다. 사실 일기 한 편을 대상으로 적지 않은 연구가 이루어진 셈인데, 특히 전란기의 '전쟁'과 '일상日常'의 공존, 재지사족在地士族과 의병 사이의 관계, 사족으로 체험한 전쟁, 수령들의 전쟁 대처 양상, 함양에서 접한 명군明軍의 모습 등등을 밝힌 것은 의미 있는 연구 성과라고 할 수 있다.

이 글에서 주목하고자 하는 것은 개인 정경운의 전쟁 대응 방식이다. 정경운은 임진왜란을 겪으면서 여러 가지 삶의 위기에 직면했다. 임진왜란 초기에는 의병군 소모유사로 활동하면서 나름대로 대처했지만 정유재란 때는 익산까지 피난을 가는 상황을 맞이하면서 고초를 겪기도 했다. 실제로 삶의 위기를 극복하는 개인의 노력을 보여주는 것이 이 일기이기도 하다. 즉 임진왜란이라는 위난을 겪은 체험을 사실적으로 기록하고 있지만 이면에는 사대부로서의 일상적 삶을 지속하면서 위기를 극복한 삶의 실상을 고백하고 있는 것이다. 예를 들어 과거를 통한 입신양명의 의지는 사대부로서의 일상적 삶의 지속성을 잘 보여준다. 정경운은 일기를

논문, 2012.
11) 민덕기, 「임진왜란기 정경운의 '고대일록'에서 보는 아래로부터의 문견정보 – 실록의 관련 정보와의 비교를 중심으로」, 『한일관계사연구』 45, 2013.
12) 윤호진, 「고대 정경운의 시문과 작품세계」, 『남명학연구』 41, 경상대 남명학연구소, 2014.

통해 이러한 모습을 기록함으로써 한 개인의 전쟁 극복 의지 및 과정을 진솔하게 보여주고 있다.

2. 『고대일록』에 기록된 정경운의 삶

『고대일록』은 경상우도 지역인 함양에서의 전쟁 체험 양상과 전후의 재건 양상을 살펴볼 수 있는 중요한 자료인 동시에 정경운 개인의 전쟁 극복 과정을 살펴볼 수 있는 자료이기도 하다. 정경운의 생애를 알 수 있는 자료는 거의 남아 있지 않다. 다행히 『고대일록』 4권 1605년 4월 7일자 일기에 자술自述 이력履歷을 기록하고 있어 그의 생애를 단편적으로나마 확인할 수 있다.

정경운은 2세에 아버지를 여의고 외조부에게 의지해 자랐다. 9세에 외조부가 돌아가시고, 13세에 어머니가, 15세에 외조모가 돌아가시자 형과 형수를 부모와 같이 대했다. 19세에 형마저 잃자 형수를 우러르며 살았다. 잇따른 가족의 사망으로 어린 시절을 불우하게 보냈기에 스스로 "학업은 어자魚字와 노자魯字를 구분하지 못할 정도"라고 했다.

25세에 선산 김씨와 혼인하면서 가정을 꾸려 안정을 찾았고, 26세에 정인홍을 스승으로 모시면서 부모와 같이 우러르고 신명神明과 같이 믿었다. 마음으로 현인을 사모하고 현인 되기를 바라며 약간의 옛 책에서 자득함이 있었고, 박여량, 박선, 노사상, 정경룡, 강린 등과 벗했다.

37세가 되던 해 임진왜란이 일어나자 함양에서 노사상, 박선, 박여량, 강린, 노사예 등과 함께 창의해 각종 유사로 활약하며 적극적으로 의병 활동을 전개했다.

함양의 남계서원藍溪書院

 39세에 노사상과 함께 남계서원의 원임院任으로 활동하기 시작해 49세 되는 1604년까지 유사로 서원의 일을 보았다. 42세 때 정유재란이 발발하면서 서원이 병화로 소실될 위기에 직면하자 정여창, 노진, 강익의 위패를 묻어 두고 가족과 함께 전라도 익산 등지로 피난했다. 피난에서 돌아온 후에는 묻어 두었던 위판을 꺼내 우선 조그만 집 두 칸을 지어 남계서원과 향현사의 위판을 봉안했다. 45세 때인 1600년에 당시 남계 서원 원장이던 노사개盧士㒤와 함께 남계서원을 나촌으로 옮기려고 논의했으나 여러 사정으로 옮기지 못하다가 50세 되던 1605년 3월에야 서원을 완공하고 위판을 봉안했다. 하지만 서원 이전 과정에서 이견을 보인 인물들과의 대립으로 인해 향촌 사회가 갈등을 빚었고, 51세 때인 1606년에는 향현사의 위차 문제를 둘러싸고 급기야 향촌 사회가 분열되는 양상을 보이고 말았다.

정여창을 주향으로 하는 데는 논의가 일치했으나 노진과 강익의 병향을 주장하는 세력과, 노진과 강익은 사제지간으로 병향이 불가능하기 때문에 노진의 주향을 주장하는 세력으로 나뉘어 대립한 것이다. 이 과정에서 병향 주장에 앞장섰던 정경운과 강린, 강응황 등은 반대 세력으로부터 각종 구설과 비난을 받았고, 이로 인해 정경운은 스스로를 경계하며 인사를 사절하고 두문하게 되었다.13)

> 을사년乙巳年(1605년)에 상喪을 만난 후에는 인사人事에 뜻을 두지 않다. 다만 삼현三賢의 사당이 풀숲에 매몰될까 염려할 뿐이었는데, 강극수姜克修가 성균관에 유학해 돌아오지 않아 신위를 봉안奉安하는 것을 쉽게 기약할 수 없었다. 쇠하고 슬픈 몸을 애써 일으켜 다반으로 조처해, 날을 택해 이안移安하려고 했다. 이때 고을 사람들은 혹 죄로 여기기도 하고 혹 소홀함을 지적하기도 하고,

---

13) 김윤우, 앞의 논문, 145~147면. 원창애, 앞의 논문, 253면 참조.

혹 성례盛禮에 참여하지 못한 것으로써 분을 품고 이를 갈며 비어飛語를 날조하며 모래를 뿜고 그림자를 엿보아吹沙伺影, 반드시 죄인 처지에 빠뜨리고자 했다. 위서渭端, 극수克修와 함께 구설口舌을 받았는데, 그 정도가 끝이 없었다. 마치 외로운 학孤鶴은 무리가 적고 솔개와 갈가마귀鴟鴉는 많은 것 같았다. 이로부터 뜻이 인사人事를 사절謝絶하고 두문杜門해 허물을 살폈다. 만약 허물이 있으면 고치고 없으면 비웃었는데, 마치 기러기가 마시지 않고 쪼지 않고 듣지 않고 보지 않으며, 구름 속에서 날개를 접고서 기색을 살피며 드물게 나와 거의 그물에 걸리는 재앙을 면하는 것 같았다. 그래서 시詩를 읊어 스스로를 경계했다(1605년 4월 7일).14)

53세 때인 1608년에는 스승 정인홍을 모함하는 세력에 맞서 꾸준히 대응하는 등 정인홍 문인으로서 각종 활동에 적극 동참하기도 했다. 62세에 남계서원 원장을 역임하고, 후일 효성과 우애가 지극하고 학문에 뛰어난 것이 세상에 드러나 행의行誼로 동몽교관童蒙敎官에 제수되었으며15), 대략 향년 70세 내외에 세상을 떠난 것으로 추정된다.16)

이렇게 정경운은 어려서 부모를 여의고 형수에게 의존해 살다가 정인홍의 문인으로 들어가 서원의 유사로 활동하던 중 임진왜란을 맞아 거주지였던 함양 사회의 붕괴는 물론 자신의 삶도 궁핍해지는 경험을 했다. 특히 전란을 겪으면서 갖은 고생을 하면서 개인적 위기를 겪었다. 정유재란 때 장녀 정아를 잃었고, 이듬해 장자 주복을 잃었으며, 45세 되는 해

---

14) 『譯註 孤臺日錄』(下), 鄭慶雲 지음, 南冥學硏究院 옮김, 태학사, 2009. 이하 인용은 이 책으로 하되 해당 날짜만 밝히기로 한다.
15) 『함양군읍지』, 인물, 유행록, 정경운 조.
16) 김윤우, 앞의 논문, 17면.

에 차녀 단아를 잃었고, 49세 되는 해에 아내와 사촌누이(박여량의 처)를 잃었다.

단편적으로 전하는 기록을 통해 살펴본 정경운의 생애는 불운한 일생 그 자체였다. 그나마 스승 정인홍을 만나 당대의 명사들과 교유하면서 각종 활동에 참여했고, 끊임없이 학문과 덕행을 닦으며 자신의 어려운 처지를 극복해 나갈 수 있었다. 그러한 배경에 정인홍이 자리하고 있었음은 물론이다. 특히 전란 중에는 유사로 의병 활동에 적극 참여했는데, 유사역을 감당할 수 있었던 것은 문장 솜씨가 출중했기 때문이다. 실제로 일기에도 각종 글을 수록하고 있음을 볼 수 있는 바 이는 문학적 재능이 있기에 가능했던 것이다.

3. 정경운의 문학적 재능의 표현물, 『고대일록』

『고대일록』이 가진 특징 중 가장 두드러진 점은 다른 일기에 비해 문학작품을 많이 수록하고 있는 점이다. 이는 정경운이 일상에서 늘 문학을 가까이 하고 있었기에 문학적 표현이 자연스러웠음을 보여주는 것인 동시에 문학의 효용에 대해서도 그가 깊게 인식하고 있었음을 보여준다. 정경운의 문학적 재능을 『고대일록』을 통해 읽어낼 수 있는 셈이다.

정경운의 문학적 재능에 대해서는 일기 곳곳에 수록된 문학작품이나 관련 기록을 통해 엿볼 수 있다. 윤호진의 연구에 의하면 『고대일록』에는 한시를 지었다는 기록이 20여 군데 보이고, 스승인 정인홍의 문집인 『내암집』에 내암에게 올린 시 12수, 주변 인물의 문집에 전하는 시 2수 그리고 『고대일록』에 온전히 남긴 시 4수가 있다. 특히 "나는 기운이 아주 편치 않아서 저녁을 먹지 못했다. 오늘 밤 정신이 말똥말똥해 잠이 오지 않았다. 그래서 절구 한 수를 지었다"(1595년 12월 8일)라는 기록이나 "날이 흐렸다.「지겨운 비苦雨」라는 시 한 절구를 읊었다"(1594년 5월 28일)라는 기록을 통해 볼 때 그는 어떤 특별한 일에 큰 맘 먹고 시를 짓는 것이 아니라 잠이 오지 않아 한 수, 내리는 비를 보고 또 한 수 이렇게 일상 속에서 시인이 되었음을 알 수 있다.17)

산문의 경우에도 상소문, 부, 편지, 송덕비문, 진정서 등 다양한 양식의 글이 일기에 수록되어 있어 그의 문학적 재능을 살펴 볼 수 있다. 본 장에서는 일기에 수록된 문학적 표현은 어떤 양상을 보이고 있으며, 정경운이 직접 창작한 문학작품은 어떤 종류의 것들이었는지를 살펴보자

1) 시

(1) 시 인용

먼저 어떤 일을 당해 마음을 표현하고자 할 때 종종 시를 인용한 것을 볼 수 있다.

○ 1593년 3월 13일 무진戊辰

나는 병이 여전하다. 정현경鄭玄卿이 편지를 보내 병세를 물었고, 또 서로가 몹시 그리워 울적한 심정을 겪고 있음을 말했다. ○ 절도사 송암松庵 김면金沔이 군중軍中에서 돌아가셨다. 송암은 깊은 산속에서 병을 다스리며 노년을 마칠 생각을 했는데, 국가가 멸망할 위기를 만나 분연히 자신의 몸을 돌보지 않고

---

17) 윤호진, 앞의 논문, 131~132면.

일어나 군사들을 거느리고 적을 토멸했다. 그렇지만 단지 몇 고을만 수복했을 뿐 아직 뜻을 이루지 못했는데, 돌아가시고 말았다. 이른바 군대를 내어 승첩을 못 거두고 몸이 먼저 죽었다는 것이니, 아! 슬프구나. ○ 하 원장河院長이 병을 얻어 돌아가셨다. 하 원장의 사람됨은 심지가 곧고 효행이 남달라 사람들이 '장자長者'라 불렀다. 하루아침에 불행히도 결국 이런 변고에 이르게 되었으니, 애통한 일이다.

이처럼 그는 송암 김면이 군사를 일으켜 적을 토멸했으나 아직 뜻을 이루지 못한 것을 슬퍼하고 있다. 이를 두보가 제갈량 사당에 가서 감회를 읊은 「촉상蜀相」이라는 시의 한 구절인 "출사미첩신선사出師未捷身先死"을 인용해 표현하고 있다.

○ 1596년 2월 6일 계묘癸卯
이른 새벽에 길을 떠나 비전碑殿에 도착해 말에게 먹이를 먹였다. 첨정僉正 류응柳膺과 수재秀才 허탁許과 함께 이야기를 나누었다. 날이 저물어 집으로 돌아왔다. 어린 딸이 문에서 기다리고 있었고, 조카가 반갑게 맞았다. '어린 자식이 옷을 잡아당기며 묻기를, 돌아오심이 어찌 이리도 늦으셨습니까?'라고 하는 옛 시詩와 같다.

외지에 나갔다가 오랜만에 집에 돌아왔을 때 가족들이 자신을 기다리던 일, 특히 어린 딸이 문에서 자신을 맞이하는 것을 보고 자신의 마음을 두목杜牧의 시 「귀가歸家」 중 "치자견의문穉子牽衣問 귀래하태지歸來何太遲"를 빌려 표현한 것이다. 이처럼 정경운의 생활 속에 시가 녹아들어 있음을 알 수 있다.

2) 고사 인용

한시 외에도 고사를 인용한 경우도 여러 군데 있다.

○ 1592년 6월 17일 을사乙巳
군대를 점검하고 군사들에게 음식을 제공해 위로하고, 용승정龍升亭에서 결진結陣했다. 최변崔汴을 장수로 삼고 지례知禮로 나아갔다. ○ 순찰사巡察使 김수金睟가 수원에서 도착했다. 모양새와 명분만 차렸을 뿐 행색은 초췌했다. ○ 세자를 책봉한다는 교서와 죄인들을 사면토록 하는 사문赦文이 군郡에 도착했다. 종이에 가득한 왕의 뜻은 사람들로 하여금 자신도 모르게 눈물을 흘리게 했다. 만약 위기가 닥치지 않았을 때 나라를 보전하고 난리가 나기 전에 제대로 다스렸더라면 어찌 봉천奉天의 액운이 있었겠는가.

○ 1593년 정월 24일 기묘己卯
전략 정덕륭鄭德隆, 노지부盧志夫가 전주에서 돌아왔다. 두 사람이 완산에 도착했다가, 체찰사體察使가 경기도로 향했다는 소식을 듣고서 깃발을 돌려 돌아왔다. 오는 길에 호남을 경유했는데 그곳의 수령들은 나라를 걱정하는 자세는 전혀 보이지 않고, 오로지 먹고 마시는 것으로 일을 삼고 있었다고 했다. 조정이 이와 같은 지경이고, 읍의 수령들조차도 역시 이러한 지경이니, 나라 일이 끝내 어떠한 지경에 이를지 알 수 없는 노릇이다. 듣고 돌아오자 나도 모르게 칠실漆室의 고통이 있었다.

"봉천奉天의 액운"은 『구당서舊唐書』 권12 「덕종본기德宗本記」에 들어 있는 것으로, 당의 덕종德宗이 봉천으로 피난 갔다가 주자朱泚의 반군에게 포위 당한 고사이다. "칠실漆室의 고통"은 분수에 맞지 않는 것을 걱정한다는 뜻으로 『열녀전列女傳』 권3 「칠실녀柒室女」에 들어 있는 고사이다. 즉 노魯나라 칠실漆室이란 고을에 한 처녀가 걱정하기를 "우리나라 임금이 늙었고 태자가 어리니, 만약 국란이 있으면 임금이나 백성이 모두 욕을 당할 것이니, 여자들이 어디로 피할꼬"라고 했다는 데서 온 말이다.

한시와 고사의 인용을 통해 자신의 처지나 상황을 효과적으로 표현하는 것은 정경운이 그만큼 학문에 조예가 깊은 인물이었음을 말해준다. 과거에 응시하기 위한 공부에 소홀하지 않았음을 알 수 있기도 하다. 물론 은연중 자신의 학문적 능력을 알리려는 의도이지 않을까 싶기도 하다.

3) 자작 한시

동시에 그는 한시나 고사의 인용 못지않게 직접 한시와 다양한 종류의 산문 작품을 지어 일기에 수록해 문학적 재능을 보여주기도 했다. 『고대일록』에는 도처에 한시를 지었다는 기록이 있는데, 총 20군데에서 이를 찾아볼 수 있다. 그중 작품이 온전히 전하는 것만 5수가 있는데, 몇 편만 거론하면 다음과 같다.

○ 1598년 3월 19일 갑진甲辰
적의 무리들이 가지 않고 장수현長水縣 안에서 출몰한다는 이야기를 들었다. 일행을 이룬 사람들이 비를 무릅쓰고 덕옹德翁의 집을 떠나 전주로 향하고, 나머지는 모두 고산高山으로 향했다. 점심때 학두재[鶴頭峴]를 넘어 시냇가의 들판에 도착했다. 길에서 시 한 수를 읊었다.
아! 저 하늘이여/噫呬呬彼蒼者

흉적들로 하여금 우리 백성들 다 죽게 하네/使x賊殲我人

고산을 향해 가는데 종일토록 비 내리고/向高山終日雨

만 겹의 봉우리에 구름은 천 겹이구나/萬疊峯千重雲

정경운이 피난 과정에서 읊은 시이다. 흉적을 피해 고산으로 향하는데 비마저 내려 더욱 피난길이 고달팠던 것 같다. 길가에서 하늘을 향해 울분을 토로하며, 자신이 처한 상황을 "만 겹의 봉우리에 구름은 천 겹"이라고 표현했다. 앞날을 기약할 수 없는 막막한 처지를 이렇게 비유한 것이다.

○ 1604년 6월 26일 을사乙巳

용암龍岩에서 오익승吳翼承을 기다렸으나 만나지 못했다.「장상사長相思」1편을 지어 보냈는데 시에, "삼성과 상성처럼 만나기 어렵다가 만나게 되었네. 용암에 와서 기다리니 물풀이 곱고, 두류산은 하늘 밖에 푸르구나. 사람은 어찌 그리 아득하고 길은 어찌 그리 아득한가? 울퉁불퉁 돌길 지나 외진 곳에서 바라보니, 비구름이 산 남쪽에 개었네[歎參商 會參商 來待龍岩水草芳 頭流天外蒼 人何茫 路何茫 石磴高低偏入望 雲雨晴山陽]"라고 했다. 익승翼承이 이에 차운次韻한 시에, "그대가 상성을 노래하고 나도 상성을 노래하네. 천고에 예쁜 난초 다만 절로 고운데, 물이 맑고 산도 푸르구나. 산은 아득하고 길은 아득하네. 만나려다 못 만나고 보려다가 못 보아서, 학에게 보고하고 석양에 부른다네[君歌商 我歌商 千古猗蘭徒自芳 水清山又蒼 山茫茫 路茫茫 會不得會望失望 報鶴呌斜陽]"라고 했다.

○ 1606년 5월 25일 임진壬辰

노경소盧景紹를 찾아갔다.「장상사」한 곡을 주었다. 혈계血溪를 바라보며 가는

데, 냇가 길에 시내 풀 무성도 하여라. 제계옹齊溪翁 냇가에 깃들어 사는데, 북녘 서녘 구름 자욱하여라. 오락가락 흰 구름 하늘도 낮아질 듯, 개인 달은 어느 때인가?[望血溪 往血溪 溪路悠悠溪草齊 溪翁在溪棲 北雲迷 西雲迷 雲去雲來天欲低 霽月何時兮]

위에서 「장상사」라는 시 두 편을 찾아볼 수 있느데, 이 시는 매우 다양한 형식으로 지어졌다. 악부의 「장상사」 형식을 따른 것이나 이백의 「장상사」를 흉내 낸 것이 많다.18) 앞의 것은 오익승吳翼承과 주고받은 시이다. 삼성과 상성이 서로 만나지 못하는 것을 빗대 둘 사이의 지리적 거리가 먼 것을 노래하고 있다.

뒤의 시는 함양의 노경소를 만나 그리워했던 마음을 읊은 시이다. 혈계를 향해 가면서 그곳에 끼어있는 구름을 보고 당시의 시사를 우의해 읊은 것이다. 북쪽 구름, 서쪽 구름은 당시의 북인과 서인의 정권 다툼을 비유한 것이 아닌가 한다. 북인이건 서인이건 정권을 어지럽히는 일이 빨리 끝나 구름이 걷히고 밝은 달이 떠오르듯 밝은 세상이 되기를 기대하는 마음을 노래하고 있다.19)

○ 1606년 7월 24일 신묘辛卯

고을 사람들이 대회大會를 열어 향현사鄕賢祠의 위차를 바꾸는 문제를 의논했다. 하황河愰이 먼저 사악한 논의邪論를 선동했고, 노탐盧耽과 노일盧佾이 그를 따르니, 서남西南에는 뛰어난 사람이 없다는 말로써 겁을 주었다. 서남인西南人 노소老少가 모두 모여 나를 벌주었고, 위서渭瑞와 임중任重은 또한 당시에 유사有司를

---

18) 윤호진, 앞의 논문, 136면.
19) 윤호진, 앞의 논문, 142면.

맡았다고 해서 넉 달 동안 손도損徒되었다고 한다. (중략)

편견은 한 집안의 사사로움이요偏見一家私 공변된 말은 해와 달을 아우르네公言幷日月
우리 진리는 동네 주장이 아니니斯文非巷議 복의 제단이 오늘에 생겨나도다福壇生今日
구름과 안개 속에 호흡하며呼吸雲霧中 숨을 내쉬니 산꼭대기가 험하도다吹噓山家峯
가련할 손 한 사람은最憐一介人 저수, 칠수를 건널 수 있으리可以渡沮柒.

향현사 위차 문제로 대립을 빚은 후에 서남인 모두에게 벌을 받고 지은 시이다. 위차 문제로 인한 대립 상황을 표현한 후 자신의 입장을 드러내고 있다. 비록 지금의 상황은 "구름과 안개 속"처럼 혼미하지만 고공단보古公亶父가 저수, 칠수를 건너 기산 아래 정착하자 많은 이들이 고공단보의 인자함을 듣고 귀순한 것처럼 뒷날 모두 자신의 행동을 이해하며 돌아올 것임을 예견하는 태도를 보이고 있다. 현재 자기 처지를 고공단보의 고사를 인용해 대변하고 있는 것이다.

○ 1608년 3월 25일 임자壬子
흙비가 내리고 낮인데도 깜깜했다. ○ 아록衙祿을 납부했다. ○ 임해군臨海君의 노비가 승복承服했는데, 무사武士들과 연통한 사람들은 대부분 죽었다고 한다. ○ 들으니, 영경永慶이 경흥慶興에 위리圍籬되었다. 「오잠吳潛에게 화답하는 시和吳潛詩」]로 선생을 비유했다.
남으로 돌아가는 길, 북으로 돌아가는 길/南歸路 北歸路
온 나라 인심을 지금에야 깨달았네/一國人心今始悟
하늘이 도와주지 않으신다면/不有上天扶持之
아아! 큰일을 그르치고 말겠네/吁嗟大事幾乎誤
소나무 문을 열고, 가시나무 문을 닫네/開松戶掩棘戶

하늘 진리 돌고 돌아 세 번 반복하는 곳/天道循環三復處

삶긴 양의 모습 따위 어디다 쓰겠는가/何用蒸羊面貌如

감격해 우러르며 오공 구에 화답하네/激仰細和吳公句

송나라 때의 오잠吳潛에게 답하는 형식을 빌려 시를 읊고 있다. 이 시는 유영경柳永慶이 경흥에 위리안치되었다는 소식을 듣고 지은 것이다. 송나라 때 간신을 탄핵했다가 도리어 그들의 반격으로 위리안치되었다가 유배지에서 죽은 오잠에게 화답하는 시 형식을 취하고 있다. 당시 영의정이던 유영경은 영창대군을 세자로 옹립하려 했으나 1608년에 선조가 죽고 광해군이 즉위하자 정인홍鄭仁弘, 이이첨李爾瞻 등 대북 일파의 탄핵을 받고 경흥慶興에 유배되었다가 사사賜死되었다. 스승인 정인홍과 대립각을 세웠던 유영경이 정치적으로 패배해 상대적으로 정인홍의 입지가 유리하게 된 것을 축하하고 있다.

이렇게 전쟁 통에 자신의 곤궁한 처지를 읊거나 정치적 입장을 달리하는 문제에서 자기 입장을 대변하는가 하면, 스승 정인홍과 대립한 유영경의 죄상이 드러난 상황에서는 스승을 숭앙하는 태도를 시로 읊고 있다.

2) 산문

실제로 일기에 수록된 산문의 경우 안음과 거창에 보내는 「통문通文」(1592년 6월 12일), 도사 김영남金穎男에게 보낸 「서간문書簡文」(1592년 6월 14일)과 「제로참봉문祭盧參奉文」(1603년 8월 19일), 서원의 「이안제문移安祭文」(1605년 3월 5일), 「제지리산기우문祭智異山祈雨文」(1605년 6월 17일) 등의 제문, 설說 문학인 「목단측백설牧丹側柏說」(1605년 12월 29일),

함경북도의 경흥慶興(팔도지도八道地圖 중 함경북도 부분)

친구와 가족의 죽음을 애도한 「졸기卒記」(손인갑, 방극지, 노지부, 딸 정아, 아들 주복, 아내 등), 그리고 「자전自傳」(1605년 4월 7일) 등이 있다. 대표적인 작품을 거론하면 다음과 같다.

(1) 통문

안음安陰과 거창 두 고을에 통문을 보내 거의擧義를 의논했다. 그 글에 이르기를 "이처럼 어처구니없이 닥친['비여匪茹'는『시경』,「육월六月」의 문구] 화는 개국한 이래로 없었습니다. 육룡六龍이 서쪽으로 떠났고 칠묘七廟가 피난살이를 해야 하며, 모든 고을이 궤멸되고 백성들이 어육魚肉이 되는 모습을 말로써 설명하기에 부족할 지경입니다. 말과 생각이 여기에 미치니 죽어도 이 원수를 보기 싫습니다['상매무와尙寐無吪'는『시경』의「토원兔爰」의 문구]. 산하가 수치스러움을 지닌 채 백인伯仁의 눈물을 헛되이 쏟을 뿐이니, 진정 혈기血氣가 있다면 누군들 무홍茂弘의['무홍茂弘'은 신정新亭의 주연酒宴에서 비탄해하는 주의周顗에 대해 수도 탈환의 의지를 피력했던 승상 왕도王導의 자字] 의지를 갖지 않겠습니까?

우리들이 마을에 모여 의논하고 의병 궐기를 도모했지만 그동안 일이 더디게 진행되는 바람에 실질적인 효과를 얻지 못했던 점은 지난번 통문에 모든 사정을 전했으니, 자세히 말씀드릴 필요는 없겠습니다. 우리들은 다시금 비분강개한 심정이 복받쳐 군사를 불러 모으는 길을 더욱 넓혀서, 위로는 고을의 수령에게 고하고 아래로는 뜻을 같이하는 사람을 일으켜, 이제야 수백여 명을 얻었습니다. 바야흐로 함께 옳은 일의 거행을 도모하려 했으나 관직도 없는 서생들이라 아직 군사의 일과 기무機務 …… 「결缺」…… 의 길에 어두워 의창義倉에 모아 둔 곡식도 순찰사가 왕래할 때 헛되이 갖다 주었고, 무기고의 활과 화살도 수령이 도망가는 통에 헛되이 버리게 되었습니다. 비록 활을 쏠 줄 아는 사람이 있어도 막을 방법이 없으니, 개탄을 금하지 못할 일입니다. 여러분께서는 하나같이 한 도道의 사람들입니다. 군사를 먹일 양식이 떨어질 날도 멀지 않았고, 장비를 갖추어 해낼 수 있는 방법들이 보통 때보다 만 배나 되는데도 법도法度와 방략方略이 하나하나 미치지 못하니, 어찌하겠습니까?

아! 우리가 비록 보잘 것 없지만 뜻은 바로 여러분들과 같고 여러분의 거사는 바로 우리의 거사입니다. 김송암金松菴이 의거했을 당시의 계획과 조처를 입수해 그대로 따라 하고자 합니다. 군郡이 벽지에 있기 때문에 도로가 막혀 있어 의병이 승첩을 거둘 수 있는 기발한 방책이 될 것이나 왜적이 향하는 곳도 잘 알지 못합니다. 아울러 가르쳐 주셔서 보고 사모하는 저희들의 마음에 부응해 주신다면 매우 다행이겠습니다. 여러분께서 양해해 받아들여 주시리라고 엎드려 생각합니다"라고 했다[내가 지은 것이다]. 안음安陰 통문은 강극수姜克修가 지었다[별록別錄에 보인다](1592년 6월 12일).

통문은 조선시대에 민간 단체나 개인이 같은 종류의 기관 또는 관계가 있는 인사 등에게 공동의 관심사를 통지하던 문서를 일컫는다. 서원, 향교, 향청鄕廳, 문중, 유생, 결사와 의병, 혁명이나 민란 주모자들이 대체로 연명連名으로 작성해 보냈으며, 내용은 통지, 문의, 선동, 권유 등 다양하다. 일반 서신과 다른 점은 개인이나 단체가 어떤 사실이나 주장을 다수에게 공개적으로 전달하는 데 있었다.[20] 특히 임진왜란 때는 모병과 군량 조달을 위한 구국의 통문들이 작성되어 의병의 조직화에 이바지했는데, 협력을 촉구하는 내용의 통문이 유행하기도 했다.

정경운이 안음과 거창 두 고을에 보낸 통문은 바로 의병을 촉구하는 문서였다. 이미 한 차례 통문을 통해 의병 궐기를 도모했지만 효과적으로

---

20) 한국학중앙연구원, 『민족문화대백과사전』.

대응하지 못했기에 다시금 호소하는 내용의 글이다. "군사를 먹일 양식이 떨어질 날도 멀지 않았고, 장비를 갖추어 해낼 수 있는 방법들이 보통 때보다 만 배나 되는데도 법도와 방략이 하나하나 미치지 못하니, 어찌하겠습니까?"라고 호소하면서 다시금 거사에 동참하기를 권장하는 내용을 담고 있다.

(2) 서간문

○ 초유사招諭使와 도사都事 김영남金穎男에게 편지를 올렸다. 그 글에 이르기를, "섬의 오랑캐들이 쳐들어와 견고한 성들마저 무너져 버리고, 왕이 궁궐을 떠나 종사宗社가 피난을 가야 하는 처지에 놓이니, 이는 바로 천지신명이 함께 분노할 일입니다. 그런데도 마땅히 통솔해야 할 사람들은 한결 같이 물러나 움츠리고 앉아 있어 일의 기회를 놓치고 있고, 당연히 힘써 싸워야 할 사람들은 한갓 일을 피하려고만 해 한번 제대로 싸워 보지도 못한 채 군졸들은 마음이 떠나 버리고, 모든 고을은 달아나 궤멸되어 버렸습니다. 가만히 앉아서 2백 년간 다져온 기업基業을 하루아침에 적의 손에 떨어지게 만들고서도, 중요한 자리를 차지하고 있는 신하가 태연히 염려하지 않으니, 이것을 참을 수 있겠습니까. 상심하고 눈에 참담한 일을 말로 다 할 수가 없습니다. 공연히 백인伯仁의 눈물만 흩뿌리고 있으니, 누가 이 혼란을 뿌리 뽑겠다는 의지를 갖고 분발하겠습니까. 오직 우리 합하閤下만이 피폐하기 짝이 없는 한 지방을 맡으시어, 군부君父의 애통한 교시를 받들고 눈물을 흘리며 군사를 논하니, 사람들이 지극한 정성에 감동해, 뭇사람들의 마음이 메아리처럼 귀부해 의병이 사방에서 일어나 풍문을 듣고 기병하니, 누가 분발할 생각을 갖지 않겠습니까. 게다가 지난번 군을 지나가시던 날, 현명한 수령과 함께 서로 협력할 것을 논의하되 저희들을 변변치 못하다고 여기지 않으시고 소모召募의 일을 부탁하시

니, 저희들은 비록 재능이 없고 용렬하기는 하지만 이 같은 위급하고 어려운 상황에 봉착해 감히 수고로움을 다하지 않겠습니까. 이에 합하께서 떠난 이후 곧장 뜻을 같이하는 선비 15~16명에게 일어나기를 권해, 마을의 군사를 불러 모으는 임무를 정해 각기 거주하는 마을에서 조정의 명령을 전하고 합하의 뜻을 퍼트리게 해, 흩어지고 도망한 이들을 도탑게 깨우치고 의사義士들을 널리 모집해 어렵게 5백여 명을 얻어 관군으로 등록했으니 성명姓名이 이미 좌우에 도달했을 것입니다. 관군이든 의병이든 똑같이 나라의 일이니, 이른바 심력을 다할 뿐입니다. 어찌 그 사이에 두 갈래 길이 있겠습니까.

저희들은 또한 피로에 지친 군졸들을 모으면서 산곡山谷 사이에 수소문해 수백 명을 모집해 얻었고, 바야흐로 또 이리저리 불러 모아서 한 지방의 보장保障을 만들려고 하지만 백면서생의 재주가 군대를 통솔하고 제어하지 못해 형세가 기치를 내세우기는 어렵기 때문에, 우선 향인鄕人으로 훈련 봉사訓鍊奉事인 최변崔忭을 장수로 삼고, 날마다 의사義士가 오기를 바라고 있는 실정입니다. 그런데 지금 들으니, 삼도의 군대가 궤멸되어 인심이 더욱 위태로워졌다고 하는데, 지금이 바로 의로운 장수와 열사들이 이를 갈며 와신상담하면서 수치를 설욕할 것을 도모해야 할 때입니다. 다만 최변은 한미한 신분의 사람이 아니니 발탁될 길이 있으리라는 생각을 하고서 기회를 얻어 관직에 들어가기를 바라는 사람입니다. 혹 전날의 사판仕版에 구애되거나 의창義倉이 고갈되고 무기고가 텅텅 비면, 비록 백만 명의 궁수가 있다고 하더라도 장차 손을 쓸 수가 없을 것입니다. 지금 이러한 위급한 때를 만나 수백 명의 사졸士卒을 수합收合하기는 했지만 병장기와 식량이 모두 바닥나 일시에 흩어져 버리면, 어찌 한갓 저희들만의 개탄일 뿐이겠습니까. 합하께서도 무척 애석해하실 것입니다.

저희들은 직접 뵙고서 지시를 받았으니, 마음속에서 감정이 격앙되어 뼈가 문드러지도록 일을 도모하겠지만 인정人情이 흩어져 분산되고 물력物力이 다해

가니, 개탄스러운 마음을 금할 수 없습니다. 반드시 최변崔汴으로 하여금 편의대로 종사從事하게 하시고, 벼슬길에 들어가기를 원하는 자에게는 전후에 구애받지 않게 하시며, 식량을 보급할 방도가 끊이지 않고 활과 화살은 정밀하고 강해져야만 거사擧事할 수 있을 것입니다. 삼가 합하의 지휘가 성취하시기 바랍니다. 의사를 전달하려는 마음이 간절해 참람함이 여기에 이르렀으니, 더욱 황송한 마음을 이기지 못하겠습니다"라고 했다[도사都事에게 올린 편지도 마찬가지로 내가 지은 것이다](1592년 6월 14일).

이 편지는 도사 김영남에게 보낸 글이다. 섬나라 오랑캐에 의해 2백 년 기업을 무너뜨리는 일을 보고 있을 수만 없어 의병을 모집하는 일에 진력을 다했으나 모집된 군대를 통솔할 사람이 없어 훈련 봉사 최변으로 종사케 해달라고 요청하는 글이다.

의병을 모집하는 통문과 모집된 의병을 지휘할 사람을 천거하는 서간문을 통해 전란 당시의 함양 지역에서의 모병 상황과 대응 양상 등을 구체적으로 이해할 수 있다. 왜적과 대치하는 상황 아래 군민이 힘을 모아 대응하려는 노력을 기록할 수 있었던 것은 정경운이 문장 솜씨가 뛰어났기 때문이다. 전란을 극복해나가는 지역 사족의 노력을 엿볼 수 있는 부분이기도 하다.

(3) 제문

「제노참봉문祭盧參奉文」에, "예전에 개암介庵 강익姜翼이 미래의 학도를 일으키고, 선정先正을 추숭하는 데 뜻을 두었네. 많은 사람이 경탄하며 참여했지만 그중에서도 공의 형제가 가장 두드러졌었네. 논의하는 데 있어서 거역함이 없어, 시끄러운 잡음을 배격하고서 성실한 노력으로 도우니, 옛 학교가 흥기해 많은 선비를 배출했는데, 저 남계서원을 바라보면 글 읽는 소리 왕성했네. 사문斯文이 불행해 세상이 어지럽고 사람들이 죽었네. 경적經籍이 비록 불탔으나 위판位板은 아직도 보존되었네. 참봉공參奉公이 중건을 창도해 침식도 잊고 일을 했네. 상의해 옮기기를 도모하니, 결정하자 곧 이루어졌네. 일이 매듭지어지기도 전에 공이 병들어 누워 그것을 경영했네. 그릇된 주장은 저절로 그치고 여염에서는 훌륭한 인물이 일어나기를 바랐지만 우리 고을 운이 없어 끝내 죽음에 이르게 되었네. 아아! 슬프다. 효제孝悌가 온전했고 호오好惡가 분명했네. 개결介潔한 자질을 지니고 선함을 즐기는 정성이 있었네. 쇠퇴하지 않는 학식과 앞을 내다보는 탁월한 안목이라네. 끝났구나 끝났구나! 이제 다시 회복할 수가 없구나. 하늘이 온전한 자질을 주고서도 어찌 운명은 그리 박하게 했나? 살아서는 오복五福이 없었으니, 죽어서도 눈을 감지 못하리라. 말을 함에 어찌 끝이 있겠으며, 말을 한들 무슨 보탬이 되리요? 죽지 않은 혼령이 있거든, 나의 충심을 살펴주소서. 아아! 슬프다"라고 했다(1603년 8월 19일).

이 제문은 남계서원을 이전하는데 공을 세운 노사개를 추모하는 글이다. 정경운은 1594년부터 10년간 남계서원의 유사를 역임했다. 정유재란 때 훼손된 남계서원을 1599년에 재건했고, 1600년에는 당시 원장이던 노사개와 유사인, 정경운 등이 서원 이전을 추진했다. 하지만 서원 이전을 둘러싸고 지역민 간에 큰 갈등이 빚어졌고 이전을 추진하던 중 노사개는 중풍에 걸리고 말았다.[21] 우여곡절 끝에 서원은 이전했으나 함양 사족층은 분열되었다. 이 과정에서 노사개는 죽음을 맞이했으니 노사개를 추모하는 제문은 당연히 정경운의 몫이었을 터이다. 그는 이 글에

---

21) 원창애, 앞의 논문, 252면.

서 노사개가 뜻을 이루지 못하고 죽은 것을 애도하면서 "하늘이 온전한 자질을 주고서도 어찌 운명은 그리 박하게 했나?"라면서 한탄하고 있다. 뜻을 같이 했던 인물을 추도하는 제문을 통해 정경운의 안타까움과 더불어 문장 솜씨의 단면을 엿볼 수 있다.

정경운이 지은 제문은 위에 인용된 제문 외에도 남계서원을 이전하면서 지은 「이안제문移安祭文」(1605년 3월 5일)과 기우제를 지내면서 지은 「제지리산기우문祭智異山祈雨文」(1605년 6월 17일) 등이 있으나 전문이 다 수록되어 있지는 않다.

(4) 목단측백설

어리석은 주인이 뜰을 나누어 두 초목을 심었으니, 그것은 바로 목단牧丹과 측백側柏이었다. 어떤 나그네가 지나가다가 그것을 감상하면서 말하기를, "풍부하구나 꽃이여! 얼굴이 마치 붉고 윤기가 나는 듯하니 그 임금이구나! 동국의 임금이 땅을 나누어 꽃을 봉하니, 지극하도다!" 곁에 있던 어떤 참된 은자隱者가 비웃으며 말하기를, "공의 말은 그 색色을 말했고 공의 논함은 그 외양을 논했다. 인仁을 취해 행함에 성인께서 남기신 가르침에 어긋났고, 외면만을 언급하고 내면은 버렸으니, 군자가 경계하는 바이다. 백 그루의 목단이 어찌 한 그루의 측백나무만 하겠는가? 일반적으로 측백나무라는 것은 소나무와 어깨를 나란히 하고, 매사梅史와 반대되니, 그 곧음은 높은 하늘霄背에 솟아 있고, 그 푸르름은 사계절을 관통한다. 봄바람이 그 빛을 돕지 못하며, 겨울의 차가운 태양이 그 절개를 덜어내지 못하니, 참으로 '방탕하지 않으며 굽히지 않는다不淫不屈'라고 이르는 것이다. 어찌 군자의 짝이 아니겠는가? 한때의 화려함灼灼이 어찌 뜻밖에 얻은 부귀와 다르겠으며, 변하지 않는 푸르름이 어찌 철로 된 간장이고 돌로 된 창자鐵肝而石腸일 뿐이겠는가. 오호라! 그러한 후에야 주인이 반드시 두 개의 물건을 심은 것은, 취하고 버릴 것이 그 사이에 있지 않음이 없고 목단으로써 타산지석他山之石을 삼는 것이 마땅하다는 것을 알았도다. 하물며 한때의 임금이 만고의 절개를 어찌할 것이며, 며칠을 다스리는 왕이 도리어 건공의 객建共之客만 못하니, 이 두 가지 것에서 사람을 살펴보는 법을 취해삼노라"(1605년 12월 29일).

일기에는 두 편의 설이 실려 있는데, 위의 글은 정경운이 직접 '목단측백설'이라고 제목까지 밝힌 글로, 목단과 측백을 통해 우의를 담아낸 글이다. '설'은 일상에서의 관심사나 작자가 평소에 펴고자 하는 도의 취지에 맞는 제재를 생활 주변에서 취해 심도 깊게 분석하고 해석해가면서 깨달은 내용을 자기만의 견해에 따라 논리적으로 펼치고, 나아가 그러한 도가 일반화되는 과정을 유추를 통해 확대해가면서 인간의 상도를 펴는 것을 주 내용으로 하고 있다.[22]

「목단측백설」은 어리석은 주인이 심어 놓은 모란과 측백에 대해 나그네와 은자가 대화를 나누는 형식을 통해 측백의 절개를 논하고 있다. 나그네가 모란의 외모를 보고 높이 평가하는 것에 대해 은자는 외면을 중시하는 것을 군자는 경계해야 한다면서 측백을 군자의 짝이라고 말하고 있다. 주인이 모란과 측백, 둘을 심은 것은 취하고 버릴 것을 판단할 수 있도록 하려는 의도에서였다. 즉 모란을 타산지석 삼고 측백의 절개를 본받으려고 한 것이었다. 임금의 절개도 이와 다르지 않아 모란과 측백을 통해 사람을 살펴보는 법을 취하라고 주문하고 있는 것이다.

이와 같은 종류의 글로 제목을 붙이지는 않았지만 소위 '연자설'이라

---

22) 양현승, 『한국 '說'문학 연구』, 박이정, 2001, 100면.

고 부름직한 글도 일기에 수록되어 있다. "내가 호남을 향해 가다가 운봉雲峯에 있는 서식徐湜의 집에서 묵었는데, 책상 위에 있는 벼루硯子 하나를 보았다"(1604년 12월 17일)로 시작되는 이 글은 벼루에 새겨진 그림이 소무가 양을 기르는 그림인 것을 발견하고 그림을 그린 화공의 솜씨가 뛰어난 점과 화공이 그것을 그리면서 전하고자 한 의도가 무엇인가를 서술하고 있다. 그리고 글의 말미에는 "애석하구나! 이 벼루가 가난한 선비 집에 묻혀 있기만 하고, 벼슬하는 사람들 사이에 있지 않으니, 안타깝다!"라면서 마무리하고 있다. 이는 결국 사대부에게 절개가 필요함을 우의적으로 표현한 것인 동시에 그러한 절개를 가진 인물이 임금 곁에 있지 못하고 시골에 머물러 있음을 비유한 것이다.

(5) 졸기

상사上舍 방극지房克智의 부음을 들었다. 아! 극지가 죽었구나! 천명인가, 운명인가. 이 사람이 이 지경에 이르렀으니, 하늘의 도는 믿기 어려움이 진실로 이와 같은가. 극지의 이름은 처인處仁이며, 기유년(1549년, 명종 4년)에 태어났다. 어려서부터 영특했고, 과거 공부를 해 병자년(1576년, 선조 9년)에 진사에 합격했다. 과감하게 길을 바꾸어 오로지 학문에만 뜻을 두어, 내암來庵과 한강寒岡 두 선생을 사사師事했다. 배우기를 힘쓰고 뜻을 돈독하게 해 밤낮으로 게을리 하지 않았다. 홀연히 속세를 벗어날 생각이 있어, 지리산 아래 악양의 남쪽 하천 가에 집을 짓고 살았다. 우뚝하게 단정히 앉아 절차탁마하고, 학식 없는 선비들 가르치기를 오래 해도 따분해 하지 않았으며, 참된 성품을 기르면서 산에 살아도 마음은 천고千古에 노닐었다. 많은 책을 두루 읽고 의리를 연구하되 물이 스며들듯 넉넉해 명성이 사방에 내달렸다. 거듭 제수되었지만 ……「결缺」…… 누워서 일어나지 않았으니, 대개 그의 평소 뜻이 여기에 있지 않았기 때문이다. 매번 부모님을 일찍 여읜 아쉬움을 탄식했으며, 50살이 되어서도 더욱 부모를 그리워했다. 형을 공경히 섬기어 우애가 지극하니, 남이 이간질하지 못했다. 항상 나에게 말하길, 나는 산중에 복거해 오래도록 백씨伯氏를 떠나 있으니, 산을 버리고 돌아와 한 집안의 즐거움을 이루느니만 못하다고 했다. 효도하고 우애하는 마음을 밥 먹고 휴식하는 동안에도 잊지 않았기 때문이다. 계사년(1593년, 선조 26년)의 난리에 적賊이 진주성을 함락하자 산속에 깊이 들어갔는데, 조그마한 초가집마저 적에게 불타 버리자 가족을 이끌고 여러 번 피해 두류산에 들어갔다가, 반야봉으로부터 운봉을 거쳐 백전栢田에 도착했다. 이때 나 역시 피난해 백운산으로 갔다가 서로 만나 이야기를 나누었는데, 구원인九原人을 만난 듯이 반갑게 위로하고 탄식하며 속마음을 숨김없이 서로 털어놓았다. 그래서 백운산 자지동紫芝洞에 복거하기 위해 산경山局을 다시 찾았는데, 볼만한 곳을 기억해 두었다가 나에게 말하기를, '이는 나의 만년 사업이다. 그대도 함께하자'라고 했으니, 곧 그의 천성이 산수를 좋아하고 속세의 시끄러움을 싫어했기 때문이다. 집안사람의 생계를 돌보지 않아 가난한 생활에 끼니를 자주 걸러도 편안히 여기고 괘념하지 않았다. 가난에 처해도 즐겁고 곤궁에 처해도 형통한 것은, 그를 옛사람과 견주어도 짝할 만한 이가 드물 것이다. 을미년(1595년, 선조 28년) 봄에 처자를 이끌고 구례현으로 가 타관살이를 한 지 반년 만에 역질疫疾이 크게 번져, 집을 수차례 옮겼다. 구례의 수령은 본래 친분이 있었으므로 그를 객관에 맞이해 들였다. 곧이어 창옹瘡癰에 걸려 6월 18일에 공관公館에서 죽었다. 아! 슬프도다! 넓고 씩씩한 도량과 탁월한 식견, 굳센 논변, 우뚝한 모습을 이제 다시 볼 수가 없으니, 친구를 잃은 슬픔을 어찌 헤아릴 수 있으랴! 세상이 어지럽고 길이 멀어 또한 달려가서 곡하고 염습殮襲할 수도 없으니, 더욱 남쪽을 바라만 보고 오열하는 지극한 슬픔을 이기지 못하겠다. 겨우 그 언행의 대강만 기록하지만 공의 평생 공력工力에 대해서는 반드시 이를 잘 기록할 사람이 있을 것이다 (1595년 6월 21일).

산문 중 가장 많은 종류의 글이 죽음에 대해 기록한 졸기이다. 의병으로 활약하다 죽은 손인갑의 졸기(1592년 6월 29일), 절친한 친구인 방극지의 졸기(1595년 6월 21일)가 그것이다. 그리고 졸기라고 하기에는 무리가 있지만 큰 딸 정아(1597년 8월 21일), 아들 주복(1598년 6월 27일), 둘째 딸 단아(1600년 11월 26일), 아내(1604년 12월 30일) 등의 죽음을 맞이하고 쓴 기록은 죽음에 대한 글로 뛰어난 문장 실력을 바탕으로 하고 있다.

인용한 글은 절친한 친구 방극지의 부음을 듣고 기록한 졸기이다. 급작스런 친구의 죽음을 접하고 격한 감정을 쏟아낸 후 방극지의 간단한 이력과 더불어 주요 행적을 중심으로 죽기까지의 과정을 기록하고 있다. 글의 끝 부분에는 친구를 잃은 슬픔을 이기지 못하겠다고 하면서 방극지의 평생 공력은 잘 기록할 사람이 있을 것으로 기대한다며 마무리하고 있다. 이 글은 방극지의 소전이나 마찬가지로 볼 수 있는 바[23] 한 인물의 전기를 엮어내는 솜씨를 엿볼 수 있다.

한편 가족의 죽음을 대하고 기록한 글들을 보면 죽음에 대한 애절한 표현과 더불어 가족을 잃을 슬픔과 그에 대한 책임을 자책하고 있는 점이 잘 드러나 있다. 가장으로서 가족을 지키지 못한 자책감의 표현인 셈이다.

오호라! 네가 삶을 버리고 의를 택했으니, 참으로 잘한 일이구나. 하지만 나는

---

[23] 윤호진, 앞의 논문, 146면.

딸 하나도 능히 구하지 못해, 흉한 칼끝에서 너를 죽게 했다. 손을 붙들고 피난해 시작과 끝을 함께하고자 했으나 그러지를 못했구나. 죽은 후에 황천에서 손잡고 다시 만날 때, 나는 진실로 너만 못하니, 무슨 면목으로 너를 위로할까!(1597년 8월 21일)

아들이라고는 하나밖에 없는데도 배를 굶기고, 그 몸에 옷을 입히지 못해 병을 얻어 죽게 했으니, 내가 차마 너를 묻지 못하겠다. 나는 너에게 자애롭지 못했고, 너는 나에게 불효를 했다(1598년 6월 27일).

전란 중에 잃은 큰 딸과 아들의 죽음을 앞에 놓고 애통해하는 아버지의 면모가 잘 드러나 있다. 특히 딸 정아가 절개를 지키며 죽음을 맞이한 점을 칭송하면서도 적의 칼에 죽게 할 수밖에 없었던 자신의 처지를 원망하고 있는 점이 더욱 슬프게 다가온다. 자식을 사랑하는 마음이 컸기에 그들을 앞세운 아버지의 애통한 마음은 더더욱 깊다. 둘째딸의 죽음을 앞에 두고 그러한 슬픔은 극에 달한다.

오호라! 나의 삶이 언제 다할 것인가! 너의 형을 백운산 속에서 부르다가 절개를 세운 의연毅然함으로 위로를 받았고, 송추松楸 가로 너를 찾아가 하루 사이에 영원히 다시는 못 보게 된 심정을 말하게 되었으니, 가슴에 꽉 찬 슬픈 회포는 내가 죽어야만 덜어질 것이다(1600년 1월 26일).

사랑하는 자식들을 앞세운 아버지의 슬픈 회포는 결국엔 "내가 죽어야만 덜어질 것"이라고 토로하고 있다.

정경운은 이렇게 다양한 양식의 산문을 일기에 수록하고 있다. 그의 산문을 읽다보면 상당한 문장력을 가진 인물이었음은 쉽게 간취해낼 수 있다. 다양한 양식의 글을 지을 수 있는 능력은 의병 활동을 주창하는 통문을 작성하는 계기가 되었고, 함양이라는 지역 사회에서 명망을 얻은 동기가 되었을 것이다. 그리고 문장가로서의 명망은 과거를 통한 관직 진출이라는 행보로 이어질 수 있었을 것이다.

정경운은 문장과 의병 활동을 통해 함양은 물론 주변 지역 사회의 기대를 안고 있었고, 정인홍을 중심으로 한 당시 정치적 상황 또한 유리하게 돌아가고 있었다. 이러한 정황과 함께 광해군의 즉위로 인한 정인홍의 중용은 정경운으로 하여금 관직에 진출하려는 욕망을 한층 더 강하게 불러일으켰던 것처럼 보인다.

『고대일록』은 정경운의 문학적 재능을 표출한 장으로 볼 수 있다. 그리고 그러한 문학적 재능은 과거에 도전할 수 있게 해주는 힘이 되었다. 조선조 사대부들의 지향이 과거를 통한 관직 진출임은 누구에게나 마찬가지였다. 이 글에서 주목하고 있는 것 또한 전란이라는 위난 상황에서도 끊임없이 과거에 도전하려는 의지를 그가 기록하고 있는 점이다. 그는 『고대일록』에서 문학적 재능을 보여주는 동시에 과거를 통한 관직 진출의 욕망을 숨김없이 기록하고 있는 것이다.

4. 과거를 통한 관직 진출의 욕망 표출과 전란 극복

정경운은 함양 및 주변 지역의 사족들과 정치적·사회적 활동을 함께 해 나가며 결속을 다져 왔다. 특히 전란 중에는 의병 모집 등의 활동을 통해 그리고 남계서원의 유사를 맡으면서 주변 인물들과 지속적으로 교유했다. 주변 인물들과의 교유 내용은 『고대일록』에서 어렵지 않게 찾아볼 수 있다. 주변 인물들과의 교유 기록 중 주목할 만한 부분은 교유 인물들의 과거 응시와 합격 소식, 관직 제수나 변화 상황 등에 대해 기록한 내용이다.

○ 1605년 12월 7일 무신戊申
오익승吳翼承과 강극수姜克修가 별거別擧에 응시했다. 정운수鄭雲叟과 조정립曺挺立 형제도 이에 참여했다.

○ 윤2월 20일 계축癸丑
박숙빈朴叔彬이 동부승지同副承旨가 되고 박공간朴公幹이 병조 좌랑兵曹佐郞이 되었으니, 동지의 기쁨이 어떠하겠는가.

이처럼 일기에는 내암 문인들이 과거에 응시한 사실과 함께 관직에 제수된 사실을 기록하고 있다. 정경운이 교유 인물들의 과거 응시나 관직 제수를 관심을 갖고 기록한 것은 과거나 관직에 대한 자신의 욕망을 보여주는 것이었다. 특히 지역에서 활약하면서 문재가 익히 드러났기에 그러한 욕망은 더더욱 컸을 것으로 보인다.

전란 중에도 문과와 무과는 설행되었다. 전란 중인 1592년~1598년까지 두 번의 식년 시험을 제외하고 비정기 시험 12회의 문무과가 설행되었다. 생원진사시는 식년과 중광 시험만 설행되었기 때문에 전란 중에는 설행되지 않았다. 12회의 비정기 문무과 시험 중 특정 지역에서 실시된 과거로는 지방 별시 3회, 중시 1회가 있었다. 지방 별시는 1592년 용만별시, 1593년 전주별시, 1595년 해주별시가 있었다. 그 외 8회의

문무과 시험은 서울에서 행해진 비정기 시험이었다.24)

과거 중 초입사를 위한 시험인 문무과는 조선시대에 입신할 수 있는 보편적 방편이었다. 선비가 입신하기 위해서는 과거 응시가 필수였기 때문에 어떠한 경우라도 포기할 수 없었다. 더욱이 중종 대에 법제적으로 사족의 범주를 규정해 놓았기 때문에 양반으로서의 지위를 유지하기 위해서는 과거를 포기할 수 없었다.25)

전쟁 중 정경운이 관직 진출을 위해 관심을 기울인 흔적은 곳곳에서 발견된다. 교유했던 인물들의 과거 응시나 관직 진출 기록을 통해서는 물론이고 잦은 과거시험 응시와 함께 과거의 결과를 기록하고 있는 것을 보면 그것을 알 수 있다. 그리고 함양이라는 지역에 거처하면서 전국 동향을 기록하는 중 국정 운영에 관심을 보이고 그것을 기록한 것 또한 관직 진출의 욕망과 맞닿아 있는 것으로 볼 수 있을 것이다.

○ 1593년 10월 15일 을미乙未

왕은 도성으로 돌아오셨고 동궁東宮은 해주에 남아 계신다. 왕이 바닷가를 지나 산곡山谷을 옮겨 다니다가, 이제 한 해가 지나서야 마침내 돌아왔다. 옛 궁궐에 기장만 무성한 것을 보니 감회가 과연 어떠하시겠는가. 2백 년 종묘사직과 궁실宮室이 단지 타다 남은 잿더미만 있을 뿐이니, 주상이 이곳에 도착해 보고 품은 생각이 어떠하시겠으며, 어찌 와신상담의 생각이 없으시겠는가. 만약 지금부터라도 정치를 혁신해 마치 해와 달이 다시 빛나는 것처럼 환하게 스스로를 새롭게 하신다면, 중흥中興의 위대한 공렬功烈을 날을 꼽으며 기약할 수 있을 것이다. 백면의 서생이 강호에서 뭇별들이 북극을 향하는

---

24) 원창애, 앞의 논문, 243면.
25) 원창애, 앞의 논문, 244면.

것처럼 왕을 향한 생각 감당할 수 없구나!

'백면의 서생'이 중흥의 위대한 공렬을 이루기를 기약하고 강호에서 왕을 향한 생각을 감당할 수 없다는 말로써 관직 진출 욕망을 드러내고 있다. 그리고 그러한 욕망은 끊임없는 과거 응시로 표출되었다.

일기에는 정경운 자신의 과거 도전 기록뿐만 아니라 주변 사람들의 응시와 합격 또는 좌절을 비교적 소상히 기록하고 있다. 정경운의 과거 도전에 대한 기록을 살펴보기로 하자.

정경운은 1593년 왕세자인 광해군이 친히 전주에 와서 치른 전주 별시에 친구들과 함께 응시했으나 낙방했다. 그 과정을 일기에 다음과 같이 기록했다.

○ 1593년 12월 22일 신미辛未
박공간朴公幹과 노지부盧志夫가 나에게 통문通文을 보내왔다. 나는 서원에서 상소문을 작성했다. ○ 동궁의 행차가 전주에 머물렀는데, 군사들을 위무하고 나랏일을 감독하기 위해서 온 것이다. 또 문무文武 정시庭試를 시행했다.

○ 1593년 12월 23일 임신壬申
나는 서원으로 갔다. 상소를 논의하고 박공간朴公幹, 노지부盧志夫, 노경소盧景紹와 함께 길을 떠나 전주로 향했다. 앞으로 동궁에게 상소를 올리고, 또 정시庭試에 응시하고자 한 것이다. 오늘 저녁은 운봉雲峰의 부산촌釜山村에서 숙박했다.

○ 1593년 12월 25일 갑술甲戌
동행한 다섯 사람이 함께 남원의 안화촌安和村에서 숙박했다. 오늘 밤 눈이 내렸다. ○ 세자가 문묘에 참배했다.

○ 1593년 12월 26일 을해乙亥

포시哺時에 전주성 안으로 들어갔다. ○ 세자가 영전影殿에 참배한 뒤 유민流民들에게 구휼미를 나누어 주었다.

○ 1593년 12월 27일 병자丙子

정시庭試에 들어가 왕세자의 옥안을 우러러 보았다. 표제表題가 나왔는데, "진晉나라 도협刀協이 낙양으로 돌아가기를 요청하자, 이에 교사郊祀의 예禮를 의논했다"라 되어 있었다. 출제 후에는 북쪽 정자로 나가시어 활쏘기 시험을 관람하셨다.

○ 1593년 12월 29일 무인戊寅

박공간朴公幹과 노지부盧志夫와 나는 세자시강원世子侍講院에서 명을 기다렸다. 아직 결정을 내리지 않으셨기 때문에 보덕輔德을 집으로 찾아가 뵙고 인사하고 물러났다. 오후에 성 밖으로 나가 쾌심정快心亭에 올라 구경하고 돌아왔다. 오늘 아침에 문과 합격자 발표가 있었는데, 윤길尹暐 등 9명이 합격했다. 이날 밤 남원 권항權恒의 집에서 숙박했다.

광해군이 전주에 머물면서 군사를 위무하고 나랏일을 감독하는 중 문무과 정시를 시행했다. 정경운은 친구인 박공간, 노지부, 노경소와 함께 전주로 가서 정시에 응시했다. 시험장에 들어가 왕세자의 옥안을 우러러 본 사실도 일기에 기록하고 있다. 이 시험에서 윤길 등 9명만 합격하고 같이 간 친구는 모두 낙방한 채 되돌아 왔다.

정경운은 1594년에도 두 번 문과에 응시했다. 8월에 있던 시험은 초장만 실시되었는데, 초시 시험이 취소되어 중장 시험은 없었다.

○ 1594년 7월 8일 갑신甲申

찰방察訪 이여함李汝涵 어른이 문안 편지를 보내면서, 혼사에 대한 일을 논의해

왔다. ○ 과거科擧가 8월 4일로 정해졌다는 소식을 들었다.

○ 1594년 8월 4일 기유己酉

비가 왔다. 나는 과거장으로 들어갔다. 유생들이 겨우 100여 명이었으니, 이제 사람들이 죽어 없어지고 재물도 다했음을 알 수 있다. 시험관은 이로李魯, 고상안高尙顔, 노경록盧景祿이고, 시제試題는 「조복수종묘부朝服守宗廟賦」와 「애진길료시哀秦吉了詩」였다.

○ 1594년 8월 5일 경술庚戌

퇴장退場의 공문公文이 비로소 도착했는데, 초장初場에서 제출한 답안이 모두 채점되어 방이 나붙었다. 비록 내가 장원 자리를 차지했지만 무슨 소용이 있겠는가. 이여유李汝唯 어른이 나를 불러 잠시 대화를 나누었다. ○ 종제從弟 덕장德將도 역시 과거에 참여했는데, 그는 낙방했다. 그래서 잠시 희롱하는 말로 농담을 했다.

8월 4일로 과거일이 결정되고, 정경운은 다시 과거에 도전했다. 그런데 이번 시험은 유생이 겨우 100여명이라고 기록하고 있다. 정경운은 전란으로 인해 사람들이 죽거나 재물이 없어 과거에 응시하지 못했기 때문이라고 생각했다. 이 시험에서 장원을 했다. 정경운은 이 초장 시험에서 장원을 했으나 애석하게도 거기서 끝이었다.

1594년 10월에는 서울에서 설행되는 별시의 초시가 각 지방별로 시행되었다. 경상우도는 거창에서 초시가 설행되었다. 이 시험에서 정경운과 노사상은 합격했다.

○ 1594년 10월 8일 임자壬子

나는 거창으로 갔는데, 별거別擧에 응시하기 위해서이다. 도중에 성주城主를 찾아뢰었는데, 성주는 시험관으로서 갔다. 종제 덕장도 함께 갔다.

○ 1594년 10월 9일 계축癸丑

새벽에 과거장으로 들어갔다. 성주와 삼가三嘉 수령 고상안高尙顔과 진주 판관 박사제朴思齊가 시험관이 되고, 시제는 「면출고하론俛出袴下論」과 「금문대은부金門大隱賦」였다. 세 번이나 고쳐 쓰고 나니, 날이 이미 오시午時가 되었다. 구상할 시간이 촉박해 생각을 전개할 수 없었으니, 한스럽다. ○ 이임중李任仲, 오익승吳翼承, 이선수李善守와 만나서 잠시 동안 이야기를 나누었다.

○ 1594년 10월 12일 병진丙辰

성주가 거창에서 돌아왔다. 별거의 방목榜目을 갖고 도착했는데, 성주 사는 박명윤朴明胤이 장원이고, 나와 노지부는 참방參榜이었다. ○ 문갈文㓓이 죽었다고 한다. 매우 애통하다.

이 시험에는 많은 기대를 한 것 같다. 시험을 치르기 10여일 전에 왕세자를 모시고 경연에 참석하는 꿈을 꾸기도 했다.

○ 1594년 가을 9월 26일 신축辛丑

이날 밤 꿈에 왕세자를 모시고 경연에서 나랏일을 의논했는데, 곁에서 모시는 신하와 다름이 없었다. 조짐이 미리 보인 것이 아니겠는가.

참방으로 초시를 통과해 노사상과 함께 11월 20일에 서울에서 시행되는 전시에 참석했는데, 함양 수령은 시험을 보러 가는 사람들에게 명지名紙와 백지白紙를 주었다. 이들에 대한 지방 수령의 기대를 엿볼 수 있다.

○ 1594년 11월 7일 신사辛巳

나는 지부志夫와 함께 서울 길을 출발해, 운봉에서 덕장의 집에 유숙했다. ○ 고을 원님에게 작별 인사를 드렸더니, 원님이 명지 3장과 백지 2권을 주었다.

○ 1594년 11월 21일 을미乙未

전정殿庭에 들어갔다. 제목이 나왔는데 「본국이 교사 몇 명을 청해 머물게 하고 군민軍民을 훈련시키도록 하다[本國請留教師數人訓鍊軍民]」였다. 시험관은 우상右相 김응남金應南과 판서判書 김명원金命元과 이충원李忠元이었다. 우리들은 본래 대우對偶의 문장을 연습하지 않았다. 그래서 시험장에 들어가 구상하자니 엉성하기가 이보다 심한 것이 없었다. 이른바 비파를 들고 제왕齊王의 문에 서 있는 꼴이었다.

○ 1594년 11월 23일 정유丁酉

오후에 방이 나붙었는데, 도사都事 송준宋駿 등 19인이 등제登第했다. 본도本道에는 이광윤李光胤 한 사람뿐이고, 호남은 없고 호서는 이당李譡뿐이다. 지부志夫와 함께 서로 혀를 차며 짐을 꾸려서 돌아왔다. 한강에 도착하니, 얼음이 반쯤 풀려 굳지 않아서 돌아와 용산창龍山倉에 들어와 유숙했다.

노사상과 함께 상경해 11월 20일에 서울 장흥고에 가서 녹명하고, 21일에 시험에 응시했으나 지방 유생인 이들은 대우 형식의 문장을 습작한 적이 없어서 답안을 제대로 작성하지 못했다. 큰 기대를 안고 도전했으나 결국 실패하고 말았다. 이 시험에서 실패한 후에 전쟁이 끝나기 전까지는 과거에 응시하지 않았다. 그러나 여전히 과거를 통한 관직 진출에의 욕망은 간절했다. 몇 번이나 임금과 마주하는 꿈을 꾸었다는 기록이 이를 뒷받침한다.

○ 1595년 10월 21일 경신庚申

조카가 거창에 갔다. ○ 오늘 밤 꿈에 갑과甲科에 급제해 임금의 용안을 우러러 뵈었다. 조짐이 미리 보인 것이 아니겠는가.

○ 1596년 3월 16일 계미癸未

아침 동안에 가는 비가 내렸다. ○ 이날 밤 임금 앞에서 모시는 꿈을 꾸었다. 근시近侍하는 신하 같아 보이는 사람이 임금의 손에서 어찬御饌을 받아 내려 주었다. 이는 무슨 조짐인가.

종전 후인 1601년에 치러진 시험에 다시 도전했으나 좌절을 겪고 만다.

○ 1601년 정월 26일 을축乙丑

동틀 무렵에 과장에 들어갔다. 부賦의 제목은 「삼개출곡철손三改出哭輟飧」이었고, 시詩는 「기이사군차곡강도경寄李使君借曲江圖經」이었다.

○ 1601년 정월 28일 정묘丁卯

동틀 무렵 과장에 들어갔다. 오후의 시관試官은 권진權縉, 이춘영李春英, 이기李曁 등이었다. 내가 시와 부를 함께 봉했다雙書 해서 채점조차 받지 못하고 내걸렸으니, 이 역시 운수運數이다. 가소롭도다! 나이가 오십에 가까운데, 얼굴 두껍게도 과거시험을 보았으니, 어찌 부끄러움이 없기를 바라겠는가. 다만 어머님께서 임종하시면서 하신 명령이 귀에 생생함을 생각한 까닭으로, 재주가 열등함을 잊고 몇 번이나 시험을 쳐서 매번 떨어지니, 한탄스럽다.

○ 1601년 2월 2일 신미辛未

나와 김배언金拜言이 함께 이곡伊谷으로 찾아가 도망간 비婢의 상황을 물었다. 김경희金慶熙와 함께 청리靑里로 가고자 했으나 김金이 승낙하지 않았다. 오후에 김배언과 이별하고, 저녁 무렵에 정사눌鄭士訥의 집을 찾아가 함께 잤다. 나는 과거에 낙방했고, 오직 강극수姜克修만 붙었다는 소식을 들었다.

나이가 50에 가까움에도 불구하고 얼굴 두껍게 과거시험을 보았으니 부끄러울 뿐이다. 어머니의 임종 시 명령을 지키려고 몇 번이나 응시했으나 매번 떨어지니 한탄스럽다고까지 했다. 이 시험에서 합격한 강극수는 3월 27일 사마시에 합격했다. 그 소식을 듣고 뛸 듯이 기뻐하긴 했으나 여전히 미련은 버리지 못했다.

과거시험에서 연속으로 좌절을 겪자 공도회까지 응시했다. 공도회는 조선초기부터 지방 유생들에게 학문 장려를 위해 실시하던 제도였다. 공도회는 정식 과거시험은 아니었다. 이 시험으로 제술과 강경을 따로 시험해 제술에서 5명, 강경에서 5명을 선발해 생원진사시의 회시에 직부하는 특혜를 받을 수 있었다. 정경운의 재능을 아깝게 여긴 고을 수령은 공도회에라도 응시하도록 권면했다. 정경운은 공도회까지 응시해야 하는 신세를 한탄하지만 거절할 수 없었다. 문무과에 급제해 관직에 나가지 못하더라도 생원 혹은 진사를 획득해야 했기 때문이다.[26]

    ○ 1601년 11월 29일 계해癸亥
    수령이 산양으로 가면서 나더러 도회를 보라고 재촉했으니, 내 신세가 안됐구나. ○ 대수大樹에 가서 하자익河子益과 박여수朴汝受 등을 만났고, 그리하여 상소 때 타고 갈 말을 얻었으니, 얼마나 다행인가.

    ○ 1601년 12월 2일 을축乙丑
    도회의 부 제목은 「공중누각空中樓閣」이고, 시는 「홀로 봄바람을 마주하며 웃음을 그치지 않네獨對春風笑未休」이고, 논제論題는 「호강후胡康侯가 힘써 진회秦檜를

---

26) 원창애, 앞의 논문, 245면.

추천하다胡康侯力薦秦檜」라고 들었다.

1601년 12월에 치러진 공도회에서마저 실패하고 말았다. 이에 대한 아쉬움은 꿈으로 표출되었다. 과거에 급제하는 꿈을 또 꾸고 있다.

○ 1601년 12월 16일 기묘己卯
비가 오다가 개니 바람이 어지럽게 불었다. 병으로 웅크리고 나가지 못했다.
○ 꿈에 문자선文子善이 나에게 먹 세 개를 주었는데, 무슨 조짐인가. 또한 과거에 급제하는 꿈을 꾸었다. 오늘 밤에 진눈깨비가 내렸다.

1602년에는 유달리 많은 꿈을 꾸었다. 모두 과거와 관련된 꿈이다.

○ 1602년 정월 20일 계축癸丑
참봉參奉 이화숙李華叔과 조수일趙守一이 와서 이야기했다.
○ 오늘 밤에 과거에 급제해 사람이 홍방紅榜을 갖고 찾아오는 꿈을 꾸었는데, 무슨 조짐인가.
○ 1602년 5월 27일 무자戊子
오늘 밤 꿈에 공간公幹을 보았는데, 마치 조반朝班에 함께 들어가는 듯했으니, 이것은 무슨 조짐인가.
○ 1602년 6월 10일 경자庚子
아침에 날이 개었다가 저녁에 비가 내렸다. 오늘 밤 꿈에 조정의 명령을 받았다. 이 무슨 엉뚱한 조짐이 이와 같은가. 이른바 남가일몽南柯一夢과 같은 것이다.
○ 1602년 9월 7일 을축乙丑
오늘 밤 꿈에 임금을 뵈었다. 나는 옥련玉輦을 멘 다음에 산록을 오르내렸는데,

앞뒤의 의장이 매우 성대했다. 나는 일찍이 임금을 가까이서 모신 적이 없었는데 꿈이 이와 같으니, 이것이 무슨 조짐인가.

○ 1602년 9월 18일 병자丙子

오늘 밤 꿈에 왕을 탑전榻前에서 모셨고, 선생께서 임금과 함께 주무셨다. 임금께서 나를 부르시어 술을 내리셨다. 명령을 받들어 무릎을 꿇고 나아갔더니

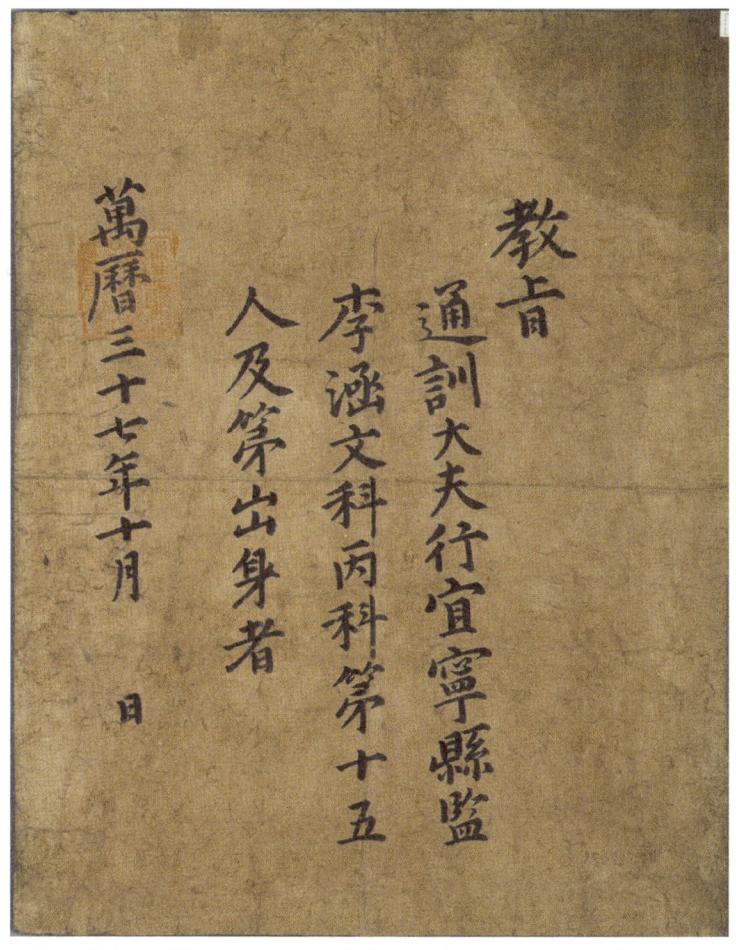

홍패紅牌: 운악雲嶽 이함李涵(1554~1632년)이 1609년 문과에 급제하였을 때 홍패.

임금께서 조용히 말씀하기를, "이것은 선생이 좋은 일을 누리는 모임이니, 광무제가 엄자릉嚴子陵과 함께 누웠던 일에 비견할 수 있겠는가"라고 하셨다. 뜻밖의 꿈이 이처럼 분명한데, 이것은 무슨 조짐인가.

절친한 친구 박공간과 함께 조반에 들어가거나 조정의 명령을 받기도 하고, 임금을 가까이서 모시는 꿈을 꾸었다. 심지어 스승인 정인홍과 임금이 꿈속에 등장하고 있다. 이는 정인홍을 매개로 해 출사하고자 하는 무의식이 꿈의 형태로 표출된 것이기도 했다.27)

1603년에는 계속되는 실패로 과거를 그만둘 생각까지 했으나 집안 사람들과 주변의 권유로 또다시 도전했으나 그것마저 실패하고 말았다.

○ 1603년 2월 10일 정유丁酉
제사를 지낸 뒤에 현풍玄風에 갔다. 나는 과거를 그만두려고 했으나 위로는 집안에서 재촉하고 다음으로는 수령이 권유하기에 어쩔 수 없이 보게 되었다. 억지로 가게 되었으니, 개탄스럽다.

○ 1603년 2월 13일 경자庚子
닭이 운 뒤에 시험장에 들어갔다. 시관은 신요申橈와 신경진申景進, 그리고 수령이었다. 부는 「말액응모秣額應募」이고, 시는 「송서서지위일입필서근면예백수送徐煞之魏日入畢書僅免曳白首」였다. 해가 들어갈 무렵에야 쓰기를 마쳤는데, 겨우 흰 종이를 그대로 제출하는 것을 면했다. 센머리로 과거에 나아가려니, 더욱 한탄스러웠다.

○ 1603년 2월 15일 임인壬寅

---

27) 정우락, 앞의 논문, 174면.

과장에 들어가니 제목은 안자의 극기복례克己復禮와 맹자의 집의集義에 대해 묻는 것인데, 말하는 바가 같지 않음을 의심했다.

○ 1603년 2월 20일 정미丁未
경상좌도와 우도의 과방科榜 기별이 왔는데, 정온鄭縕이 장원했고, 함양에서는 정홍서鄭弘緒와 노일盧佾 두 사람뿐이었고, 나는 뽑히지 않았다. 과거를 그만두려고 결심했다가 남들의 권유를 받아 시험에서 문장도 이루지 못했으니, 한탄스럽다.

이때 정경운의 나이는 48세였다. 스스로가 말하듯이 센머리로 과거에 나가려는 자신의 모습이 한탄스러웠다. 과거를 그만두려고 결심했다가 남들의 권유를 받아 억지로 응시했으나 기대만큼 되지 않아 "한탄스럽다"고 탄식하고 있다. 과거를 통해 관직에 진출하려는 욕망 때문에 과거에 급제하는 꿈은 망령처럼 되풀이되고 있다.

○ 1603년 12월 28일 기유己酉
꿈에 관직에 임명되어 사은숙배謝恩肅拜했으니, 괴이하다.
○ 1604년 정월 19일 경오庚午
오늘 밤 시종侍從하는 신하가 되어 임금을 가까이서 모시고 조용히 말씀하시는 것을 듣는 꿈을 꾸었으니, 이것은 무슨 조짐인가?
○ 1604년 5월 19일 기사己巳
오늘 밤 꿈에 아계鵝溪 이상공李相公[이산해李山海]을 보았는데, 갑자甲字를 크게 써서 나에게 주었다. 이것은 무슨 조짐인가? 괴이하기 짝이 없다.

이후로는 꿈에 대한 기록이 없다. 대신 누가 어느 시험에서 급제를 했는지, 무슨 문제가 나왔는지 등에 대한 기록만 하고 있다. 스스로는 과거를 포기했으나 여전히 과거는 주요한 관심사였던 것이다.

○ 1605년 8월 11일 계축癸丑
오늘은 바로 해발解發하는 날이다. 「음식을 대하고서 어머니가 옴을 알다對食識母來」 부와 「밤이 다했는데 다시 등불을 잡다夜闌更秉燭」 시가 출제되었다.

○ 1605년 8월 15일 정사丁巳
성묘掃墓를 하러 동쪽으로 갔다. 그런데 내리는 비가 마치 물을 퍼붓듯이 하니, 묘에 제사를 올릴 수 없었다. 너무 한탄스러웠다. ○ 출방出榜에 진사는 영해의 남경훈南慶薰이었고, 생원은 단성丹城의 이유열李惟悅이었고, 함양에서는 김득용金得鎔, 이공한李公僴, 강위수姜渭秀 등이 여기에 참여했다.

○ 1605년 12월 7일 무신戊申
오익승吳翼承과 강극수姜克修가 별거에 응시했다. 정운수鄭雲曳과 조정립曹挺立 형제도 이에 참여했다.

○ 1605년 12월 24일 을축乙丑
능음淩陰에 얼음을 넣었다. ○ 영남에서는 한 사람도 별거에 절계折桂한 사람이 없다는 소문을 들었다. 너무 한탄스럽다.

과거를 통한 관직 진출의 기회를 얻지 못하자 납속수직에 관심을 보이기도 했다. 납속수직에 대해 정경운은 시행 초기에 부정적인 태도를 보였으나 주변 인물들이 납속수직을 하자 비하하던 초기의 자세는 사라지고 빈부격차에 따라 수직 고하가 결정되는 것에 대해 한편으로는 선망의 눈으로 한편으로는 신세를 한탄하는 등 태도가 크게 달라졌다. 그리고 납속으로 선친을 추증했을 경우 신주를 고치고 제사를 올리는 등 엄숙한

격식을 치렀다. 납속수직일지라도 사족층에게 관직 획득은 그만한 가치가 충분히 있었던 셈이다.28)

○ 1597년 7월 23일 임자王子
가묘家廟에 햅쌀밥을 올렸다. 그리고 가묘에 고유告由하고서 아버지와 어머니에게 추증된 부정副正과 숙인淑人으로 위판位版을 개제改題했다. …… 「결缺」 …… 아픔이다. 맛있는 음식으로 봉양하지[『예기』, 「내칙內則」에서 유래한 말]도 못했고, 또 재예才藝로 등과해 할아버지와 아버지를 빛내지도 못했으니, …… 「결」 …… 슬픈 마음이 끝이 없다.

납속으로 부모를 추증한 사실을 기록하면서 재예로 등과하지 못해 할아버지와 아버지를 빛내지 못한 것에 대해 "슬픈 마음이 끝이 없다"고 자책하고 있다.

정경운은 전쟁기간 내내 관직 진출을 염원하면서 과거 응시, 납속수직 등 관직 진출을 실현할 수 있는 수단에 대해 끊임없이 관심을 나타냈다. 그러나 결과는 그리 성공적이지 못했다. 조선시대에 과거시험이란 관직 등용문이자 상층 지배 신분이 되는 길이었다. 더구나 점차 관직 경쟁이 치열해지면서 양반 가문의 특권을 유지하려면 중앙정치와 지속적인 연결망이 필요했고, 그것은 곧 가문의 많은 구성원이 관직에 진출하는 일이었다.29)

정경운은 정인홍의 문인이었다. 스승의 중앙 정계 진출과 활약상은 정경운으로 하여금 관직 도전의 배경이 되었을 것으로 보인다. 정경운의

---

28) 김성우, 『조선중기 국가와 사족』, 역사비평사, 2001, 362면.
29) 정해은, 앞의 논문, 94면.

지속적인 도전은 정인홍과 정인홍 문인들의 관직 진출과도 밀접한 연관이 있었다. 『고대일록』에는 같은 문인들이 과거에 도전해 급제하거나 관직에 진출한 사례가 기록되어 있다.30) 정경운이 교유한 인물들의 과거 급제와 관직 진출에 대해 꾸준히 관심을 갖고 기록하는 것은 과거와 관직에 대한 정경운의 끊임없는 열망을 보여주는 것이라고 할 수 있다.

정인홍의 문인은 경상우도 전역에 분포되어 있었는데, 이중 정경운은 함양 지역 문인으로 임진왜란 때 정인홍을 도와 의병 활동을 전개했다.31) 주지하다시피 정인홍은 기축옥사를 계기로 본격적인 북인北人으로 활동하기 시작했고, 임진왜란 때 의병 활동을 주도하면서 향촌에서의 기반을 공고히 했고, 이를 토대로 대북大北의 대표자로 떠올랐다. 정인홍이 이끄는 대북은 임란 후 남인 정권과 서인 정권을 차례로 몰락시켰으며, 난후 정국 수습 책임을 띠고 선조 35년(1602년)에 대사헌으로 중앙 정계에 재진출했다. 몇 번의 부침이 있었으나 광해군의 즉위와 함께 정인홍은 광해군의 신임을 한 몸에 받으며 대북 정권을 탄생시키는 데 결정적인 공헌을 했다.32) 따라서 정인홍의 정계 활약상은 그의 문인들에게는 관직 진출의 기회이면서 도전의 대상이었다.

---

30) (1601년 3월 27일) 강극수姜克修가 사마시司馬試에 합격했다는 소식을 들었다. 뛸 듯이 기뻤다. 극수는 절친하고 정의情意의 참됨이 난초와 혜초蕙草의 향기가 있는 정도만이 아닌데, 과거에 합격했다고 하니 더욱 기쁘다. 권집權集, 정대방鄭大邦, 박효선朴孝先 등도 합격했다고 한다/(1602년 윤2월 20일) 박숙빈朴叔彬이 동부승지同副承旨가 되고 박공간朴公幹이 병조좌랑兵曹佐郎이 되었으니, 동지의 기쁨이 어떠하겠는가.
31) 정인홍의 문인은『내암집』에 등재된 문인들을 중심으로 파악해 본 결과 78명에 달하는 것으로 알려졌다(이수건, 「남명학파 의병 활동의 역사적 의의」, 『남명학연구』 2, 경상대 남명학연구소, 1992, 15면).
32) 우인수, 「내암 정인홍의 정치사회적 위상과 역할」, 남명학연구원 편, 『내암 정인홍』, 예문서원, 2010.

정경운이 정인홍을 위해 사제의 의리를 다하고 있는 모습은 『고대일록』에서 어렵지 않게 간취해낼 수 있다. 경상우도를 중심 지역으로 하는 남명학파 내에서 이어지는 사제 간의 끈끈한 의리와 존숭의 모습은 임진왜란이라는 국난 극복의 한 요인이 된 바 있었다.33)

스승 정인홍의 영향 못지않게 정경운의 능력, 특히 문학적 재능은 그를 과거에 응시할 수 있게 한 원동력이었다. 그의 문학적 재능에 대해서는 자신은 물론 주변의 기대가 제법 컸다고 해도 과언이 아니다. 그러한 재능이 있었기에 정경운은 전쟁이라는 상황에서도 과거시험이나 관직 진출을 포기하지 않았고, 기회만 주어진다면 언제든지 진입할 준비를 하고 있었다. 과거를 통해 관직에 진출하려는 욕망은 전쟁이라는 불안한 시대를 이겨내고 자신과 가문을 회복할 수 있는 수단이었던 것이다.

『고대일록』은 정경운의 개인 일기로 자신이 처한 상황을 기록한 글인 동시에 함양 지역에 거주했던 한 사인으로서 임진왜란이라는 전쟁을 어떻게 극복해 나갔는가를 보여주는 기록이기도 하다. 본고는 그러한 한 개인의 전란 극복 과정을 『고대일록』을 통해 읽어내고자 한 것이다.

참고문헌

『역주 고대일록』, 정경운 지음, 남명학연구원 옮김, 태학사, 2009.
권기중, 「임진왜란 시기 향리층의 동향과 전후의 향리사회 – 경상도 지역을 중심으로」, 『역사와 현실』 64, 한국역사연구회, 2007.
김경수, 「임진왜란 관련 민간일기 정경운의 '고대일록' 연구」, 『국사관론총』 92, 국사편찬

---

33) 신병주, 앞의 논문, 343면.

위원회, 2000.
김윤우, 「함양 의병유사 정경운과 '孤臺日錄'」, 『남명학연구』 2, 경상대 남명학연구소, 1992
김성우, 「임진왜란 이후 전후복구사업의 전개와 양반층의 동향」, 『한국사학보』 3-4, 고려사학회, 1998.
김성우, 『조선중기 국가와 사족』, 역사비평사, 2001.
남명학연구원 편, 『내암 정인홍』, 예문서원, 2010.
노영구, 「'고대일록'을 통한 임진왜란 이해」, 『역사와 현실』 64, 한국역사연구회, 2007.
민덕기, 「임진왜란기 정경운의 '고대일록'에서 보는 아래로부터의 문견정보 - 실록의 관련 정보와의 비교를 중심으로」, 『한일관계사연구』 45, 2013.
박병련, 「'고대일록'에 나타난 정치사회적 상황과 의병 활동의 실상」, 『남명학』 15, 남명학연구원, 2010.
설석규, 「정경운의 현실인식과 '고대일록'의 성격」, 『남명학』 15, 남명학연구원, 2010.
신병주, 「'고대일록'을 통해 본 정경운의 영원한 스승, 정인홍」, 『남명학』 15, 남명학연구원, 2010.
양현승, 『한국 '설'문학 연구』, 박이정, 2001.
오이환, 「남명집 판본고(I)」, 『한국사상사학』 1, 한국사상사학회, 1987.
원창애, 「'고대일록'을 통해 본 함양 사족층의 동향」, 『남명학연구』 33, 경상대학교 남명학연구소, 2012.
윤호진, 「고대 정경운의 시문과 작품세계」, 『남명학연구』 41, 경상대 남명학연구소, 2014.
이선희, 「임진왜란 시기 함양 수령의 전란대처 - '고대일록'을 중심으로」, 『진단학보』 110, 진단학회, 2010.
이수건, 「남명학파 의병 활동의 역사적 의의」, 『남명학연구』 2, 경상대 남명학연구소, 1992
장경남, 「임진왜란 실기문학 연구」, 숭실대학교 박사학위논문, 1998.
정우락, 「'고대일록'에 나타난 서술의식과 위기의 일상」, 『퇴계학과 한국문화』 44, 경북대 퇴계연구소, 2009.
정해은, 「임진왜란 시기 경상도 사족의 전쟁 체험 - 함양 양반 정경운을 중심으로」, 『역사와 현실』 64, 한국역사연구회, 2007.
최경진, 「'고대일록'을 통해 본 정경운의 사우관계와 학문 경향」, 한양대학교 석사학위논문, 2012.
최재호, 「남명학파의 임진왜란 전쟁실기 연구」, 경북대학교 박사학위논문, 2011.
한명기, 「'고대일록'에 나타난 명군明軍의 모습」, 『남명학』 15, 남명학연구원, 2010.

2장

광해군 치세 3기(1618~1623년) 국가재정 수요의 급증과 농민 경제의 붕괴

김성우

02

1. 들어가며

17세기의 조선시대사 인식과 관련해 최근 한국역사학계는 두 가지 주제에서 서로 충돌하는 양상을 보이고 있다. 첫 번째는 '소빙기의 충격'으로 초래된 '17세기의 위기'에 대한 인식의 편차이고, 두 번째는 광해군 정권에 대한 평가 문제이다. 첫 번째 주제와 관련해서는 소빙기 충격의 강도가 어떠했는지를 둘러싸고 논의가 전개되어 왔다. 충격을 강조하는 입장에서는 16~18세기 전반까지 전 지구적으로 장기간 이상 저온이 지속되었다는 점에 착안해 임진왜란(1592~1598년), 정묘호란(1627년)과 병자호란(1636년) 같은 국제전쟁의 발발 원인 그리고 전후의 극심한 인구 감소와 경제의 피폐상을 설명하고자 한다. 이런 관점에 서게 될 경우 경제가 활성화되고 사회적 활력이 회복된 시기는 소빙기가 끝나가는 18세기 초중반 이후가 된다.1)

그렇지만 소빙기의 충격을 제한적으로 보는 입장에서 17세기의 조선사회를 이해하려는 연구들도 속속 제출되고 있다. 조선을 중심으로 한 중국-일본의 삼각무역 체제 속에서 일본의 은과 중국의 비단, 약재가 조선을 매개해 유통되었다는 사실에 주목해 17세기 중후반의 조선 경제가 활성화되었다고 본 연구들이 그러한 것들이다.2) 17세기의 조선사회는 정부가 주도한 '여민휴식與民休息.' 정책이 지속적으로 추진되면서 사회가 안정되고 경제가 발달하는가 하면 인구 또한 증가했다는 연구도 제출된 바 있다.3)

두 번째 주제는 광해군 치세(1608~1623년) 15년을 어떻게 바라볼까 하는 문제이다. 기존 연구에서는 임진왜란 이후 병자호란의 발발까지 50여 년 동안 팽팽했던 국제 정세의 변화 속에서 광해군 정부가 외교와 국방 부문에서 비교적 선방했다고 긍정하는 경향이 강했다.4) 그렇지만 이 시기를 국가재정의 증대, 세금 증가, 지배층 중심의 사치와 낭비의 확산이라는 사회경제적 현상이 만연한 부정적 시기로 보는 연구도 최근 제출되었다.5)

소빙기의 충격과 광해군 대에 대한 평가를 둘러싼 두 가지 서로 다른

---

1) 이태진, 「소빙기(1500~1750) 자연재난의 천체현상적 원인 - '조선왕조실록'의 관련 기록 분석」, 『국사관논총』 72, 1996; 같은 저자, 『새 韓國史: 선사시대에서 조선 후기까지』(까치, 2012); 김덕진, 『대기근 조선을 덮다』(푸른역사, 2008).
2) 이헌창, 「임진란과 국제무역」, 『임진란 7주갑기념 임진란연구총서』(1)(영남사, 2013); 鄭成一, 「조선과 일본의 銀 유통 교섭(1697~1711)」, 『한일관계사연구』 42(2012); 권내현, 「17세기 후반~18세기 전반 조선의 은 유통」, 『역사학보』 221(2014).
3) 김성우, 「임진란과 조선의 경제」, 『임진란 7주갑기념 임진란연구총서』(1)(영남사, 2013); 같은 저자, 「전쟁과 변영 - 17세기 조선을 바라보는 또 다른 관점」, 『역사비평』 107(2014); Kim, Sung-woo, "War and 'War Effects': Post-War Chosŏn Economy in 17th Century after Imjin War of 1592", Presentation paper for 2014 Asia Pacific Economic and Business History Conference(2014).
4) 稲葉岩吉, 『光海君時代の滿鮮關係』(大阪屋號書店, 1933; 아세아문화사 영인, 1981); 한명기, 『광해군 - 탁월한 외교정책을 펼친 군주』(역사비평사, 2000).
5) 오항녕, 『광해군 - 그 위험한 거울』(너머북스, 2012).

주제들은 사실상 17세기의 조선사회를 이해하는 데서 관건이 되는 과제들로 여겨진다. 17세기의 전 시기가 소빙기가 활성화된 시기였다면 광해군 대는 경제가 침체된 시기일 것이고, 따라서 지배층을 중심으로 한 사치와 낭비 현상이 발생하거나 국가재정 수요가 증폭되어서는 안 되는 것이 논리에 맞다. 그렇지만 17세기 전반기를 아직 소빙기가 활성화되지 않은 시기로 이해할 경우 경제가 회복되고 사회가 안정되어 가는 추세에 맞춰 광해군 정부의 일탈이 일어날 개연성이 얼마든지 있다. 그런 점에서 소빙기의 충격과 광해군 대의 성격은 17세기의 조선 역사에 대한 올바른 이해를 위해 검토할 만한 가치가 있는 상호 연관된 주제로 생각된다.

본고는 소빙기의 강도가 어떠했는지, 그리하여 조선 경제가 언제부터 활성화의 계기를 맞게 되었는지를 구체적으로 해명하는 데 목적이 있지 않다. 다만 16~18세기 중반의 이상저온이라는 전지구적 현상 속에서도 각국이나 각 지역은 서로 다른 방식으로 대응하기 마련이며, 이 때문에 소빙기의 충격이 각국이나 지역 사회에 미치는 충격도 다양하다는 점에 대해 각별히 주목하고자 한다.6) 이러한 지역적 다양성을 보여줄 수

---

6) 예컨대 중국사에서는 명청 교체기인 1640년대를 소빙기가 가장 활성화된 시기로 이해하고 있다. 그렇지만 한국사에서 소빙기의 충격이 가장 강력했던 시기는 1670~1700년 무렵이었다. 중국의 역사학계가 1640년대를 소빙기가 가장 활성화 된 시기로 이해하는 까닭은 바로 이 무렵 왕조 교체를 포함한 엄청난 정치경제적 변화가 수반되었기 때문이다(조영헌, 「'17세기 위기론'과 중국의 사회 변화 – 명조 멸망에 대한 지구사적 검토」, 『역사비평』 107(2014), pp. 183~192). 반면 같은 수준의 이상저온의 충격을 받은 동 시기 조선은 도리어 사회경제적으로 안정된 시기였다. 병자호란 이후 인조 정부가 '여민휴식'을 모토로 긴축재정, 경세정책輕稅定策을 통해 농민들의 사회경제적 안정을 위해 매진했던 탓이다. 조선사회에서 보다 큰 소빙기의 충격은 이른바 경신대기근(1670~1671년), 을병대기근(1695~1699년)이라 불렸던 17세기 후반의 대재난에서 나타났다(김성우, 「17세기의 위기와 숙종대 사회상」, 『역사와 현실』 25(1997), pp. 23~39). 유럽에서도 소빙기는 1690~1700년 사이에 가장 극심했지만 혁명이나 반란은 17세기 중엽보다 도리어 줄어들었다(Geoffrey Parker,

있는 시기와 주제가 바로 광해군 대와 정부의 특성으로 생각된다.

본론에서 상술할 예정이지만 광해군 대는 국가재정 수요가 폭증하고 농민의 납세 부담이 급증한 시기였다. 이 과정에서 방납防納이 부활하고 왕궁 공사가 추진되면서 수많은 농민이 강제 노역에 동원되어야만 했다. 다른 한편으로는 왕실을 최정점으로 한 지배층의 사치와 낭비 풍조가 만연한 시기이기도 했다. 광해군 치세 3기인 광해군 10년(1618년) ~ 광해군 15년(1623년)의 5년 동안 이런 양상들이 특히 두드러졌다.7) 이런 양상들은 '여민휴식'의 기치 아래 국가재정 규모 감축, 긴축재정 실시, 경세정책輕稅政策 등을 지속적으로 추진해온 전후 조선 정부의 개혁적 입장과는 크게 다른 것이었다. 여기에서 광해군 대의 이러한 일탈들을 '여민휴식' 정책의 부작용으로 해석할 여지가 있을 것으로 생각된다. 17세기의 조선사회를 소빙기의 충격이라는 자연 현상과 그에 따른 인간의 반응에 대한 관심뿐만 아니라 다양한 관점과 측면에서 이 시기를 종합적으로

Global Crisis: War, Climate Change and Catastrophe in the Seventeenth Century(Yale University Press, 2013), pp. 587~641). 이상과 같이 소빙기의 충격은 지역에 따라 서로 다른 양상을 보였다. 그런 점에서 소빙기의 충격을 보다 정확하게 이해하기 위해서는 자연재난에 따른 각 지역의 피해뿐만 아니라 인간들이 만들어내는 다양한 사회경제적 조건들에 대한 이해도 동시에 고려해야 할 필요가 있을 것으로 생각된다.

7) 광해군의 치세는 대체로 3단계로 진행되었다. 치세 1기는 1608년의 광해군의 즉위 이후 광해군 4년(1612년)에 이르는 시기이다. 이 시기는 전후의 미완의 개혁들이 의욕적으로 추진되는 한편 점차 좌절되는 시기였다. 치세 2기는 광해군 4년(1612년)부터 광해군 10년(1618년)까지의 시기이다. 이 시기는 대북 세력이 정국을 주도하는 중 국왕, 왕비 유씨, 세자빈 박씨를 비롯한 왕실 세력, 그리고 유희분柳希奮, 박승종朴承宗을 위시한 외척 세력이 서로 이합집산하던 시기였다. 치세 3기는 광해군 10년(1618년)부터 광해군 15년(1623년)까지의 시기이다. 이 시기는 인목대비의 서궁 유폐를 계기로 잠재적 적대 세력들이 완전 거세된 상황에서 국왕을 정점으로 해 왕실, 외척, 대북 정파 등 3대 주축 세력이 권력과 경제력을 보다 확고하게 장악하고자 치열하게 각축하던 시기였다. 광해군 대를 3시기로 나눠 살펴본 선행 연구로는 오항녕, 『광해군』(p. 24)이 있다.

관찰해 볼 필요가 여기에 있는 것처럼 보인다.

본고는 광해군 시기를 '여민휴식 시기의 일탈기'라고 전제하고, 이런 양상들이 특히 두드러진 광해군 치세 3기 5년 동안의 사회경제적 변화에 초점을 맞춰 이를 살펴보고자 한다. 본고가 특히 이 시기에 주목한 까닭은 이 시기가 광해군 정부의 특성이 가장 잘 드러나는 시기였기 때문이다. 본고는 중앙과 지역 등 두 개의 시선으로 교차 관찰해 봄으로써 이 시기의 특성이 어떠했는지를 확인해 보고자 한다. 본고에서는 특히 아래 세 가지 측면에 초점을 맞춰 논의를 전개하고자 한다.

첫째, 광해군 치세 3기 5년 동안 중앙 정계와 조선 경제 전반을 중심으로 정치경제적 상황이 어떻게 전개되어 갔는지를 살펴보고자 한다. 둘째, 이 시기 지역 경제는 어떻게 운영되었으며, 지역 경제를 떠받치고 있던 농가 경제는 어떤 변화를 겪었는지를 살펴보고자 한다. 이와 관련해 경기도 안성과 강원도 삼척 등 두 지역 사례를 살펴볼 예정이다. 셋째, 중앙의 사회경제적 변화들이 어떤 방식으로 지역 사회에 영향을 끼치고 있는지를 살펴보고자 한다. 이와 관련해 경상도 예안 지역의 정치경제적 동향을 구체적으로 살펴보고자 한다.

2. 국가재정 수요의 급증

1) 방납의 부활

광해군 즉위 초기 정국을 지배했던 개혁 분위기가 퇴조한 광해군 4년(1612년) 이후, 이른바 광해군 치세 2기(1612~1618년)부터 이전 시기의 적폐들이 되살아나기 시작했다. 공물과 진상進上을 비롯한 잡역세를 방납업자와 사주인私主人을 통해 납부해야 하는 방납의 부활, 왕실과 척리戚里들에게 뇌물을 바치고 청탁해야만 임명되는 관직, 조도관調度官을 비롯한 탐관오리들의 지방 파견과 백성들을 대상으로 한 공공연한 수탈 등으로 백성들의 가계 부담은 점차 늘어났다.

광해군 치세 2기의 수많은 적폐 중 백성들을 가장 크게 괴롭히고 또 사회경제적으로 곤경에 빠뜨린 것은 방납이었다. 사실상 방납은 종전 직후 '여민휴식'을 모토로 한 선조 치세 말년(1600~1608년)의 개혁 국면에서도 살아남아 농민을 옥죄는 주요인이 되었다. 이 때문에 광해군 즉위 초기 이원익李元翼, 이덕무李德馨, 이항복李恒福 등 개혁 관료들의 주도 아래 방납 폐지 논의가 본격적으로 진행되었고, 광해군 즉위년(1608년) 5월에 경기도에 한해 공물수미법貢物收米法[선혜법宣惠法]이 실시되는 등 일정한 성과를 거두었다. 그렇지만 이 법을 전국으로 확대 실시하려 한 개혁 관료들의 노력은 광해군 2년(1610년) 12월에 광해군의 반대로 좌절되고 말았다.8) 이후 조금씩 되살아난 방납 관행은 마침내 방납을 통하지 않으면 어떤 잡역세도 납부가 불가능한 구조로 정착되기에 이르렀다.

방납 구조는 납세자로부터 원 세액의 10배가량의 세액을 징수해 3~4배는 방납업자들과 사주인들이, 5~6배는 방납 독점권을 허가해준 왕실이나 척리들이 착복하고 나머지만 국가재정으로 유입되는 구조였다. 그런 이유에서 이 구조를 통과하게 되면 어떤 경우라도 가격이 폭등하기 마련이었다. 방납업자들이 물품의 공시 가격을 먼저 제시한 후 납세자로부터 그만큼의 쌀이나 면포를 징수했기 때문이다. 쌀 5되升 정도 하는 배

---

8) 『광해군일기』, 광해군 즉위년 5월 7일; 광해군 2년 12월 25일.

梨 1개 값이 면포 1필(미 5되斗)로, 쌀 8말斗 정도 하는 은행 한 말 가격이 쌀 80말로 징수되었다.9)

납세자들이 원액의 10배에 달하는 세금을 납부했음에도 불구하고 실제 국가재정으로 유입되는 세수는 고작 원액 정도에 지나지 않았다. 추징된 세액의 대부분이 방납업자와 사주인들, 그리고 그들의 정치경제적 후원자인 왕실과 척리들에게 흘러갔기 때문이다. 납세 농민과 국가는 이로 인해 늘 가난하고 고통스러웠던 반면 왕실과 척리들, 그리고 그들과 수직으로 연결된 방납업자와 사주인들은 막대한 부를 쌓을 수 있었던 경제적 장치가 바로 방납이었다.

그런데 광해군 치세 2기가 본격 가동된 광해군 4년 이후, 방납 관행이 한층 더 대담해졌다는 점에서 이전과 크게 달랐다. 이때 이르러 공물과 진상뿐만 아니라 원래 쌀이나 면포 같은 현물세 징수가 원칙이던 전세田稅나 별복정別卜定 되던 추가세도 방납 구조를 통과해야만 했다. 모든 부세가 "방납업자들 수중으로 넘어가게 됨에 따라" "농민들이 바치는 물품의 수효는 원래 부세의 몇 배로 늘어났다."10) 그로 인해 광해군 치세 2기 이후 납세자의 경제적 부담은 한층 더 늘어났고, 국가재정 또한 한층 더 적자 상태에서 헤어나기 어려웠다. 반면 방납 독점권을 갖고 있던 왕실과 척리들은 이 과정에서 엄청난 폭리를 취했다. 방납 구조는 "중앙 각 사의 재정을 텅 비게 하고, 백성들의 힘을 탕진시키는" 이른바 '국國과 민구곤民具困' 현상의 주요인으로 작용했던 셈이다.11)

이 시기 방납은 광해군을 비롯해 왕실, 척리들의 비호 속에 아무런

---

9) 『광해군일기』, 광해군 2년 12월 25일.
10) 『광해군일기』, 광해군 12년 6월 13일.
11) 『광해군일기』, 광해군 6년 7월 3일.

거리낌 없이 행해졌다. 그런 사실을 광해군 9년(1617년) 2월에 사옹원司饔院 주부主簿 조정순趙廷純의 방납 행위를 지적한 사간원의 계사啓辭에 대한 광해군의 반응에서 확인할 수 있다. 사간원에 따르면 그는 "선수청繕修廳[영건도감營建都監의 전신]의 감조관監造官 시절부터 관청의 물품을 훔치고 공공연히 방납을 자행했으며, 부임하는 곳마다 탐오한 짓을 일삼는" 악질 관료였다. 그런데 광해군의 반응은 전혀 뜻밖이었다. "천천히 결정하겠다"고 답변했기 때문이다.12) 그는 독단하기 어려운 사안에 부딪칠 때마다 "천천히 결정하겠다徐當發落"며 피해가곤 했다. 그것은 왕실과 척리들의 견해를 듣고 그들의 이해관계를 조정한 뒤에 결정하겠다는 의미였다. 이 문제를 "천천히 결정하겠다"는 그의 반응은 조정순이 왕실, 척리들과 은밀하게 결탁해 방납을 자행했음을 간접 시인한 것에 다름 아니었다. 방납이 왕실과 척리들의 지원 속에 이뤄지고, 국왕이 그 뒤에서 이런 관행을 총괄 지휘했음을 보여주는 기사가 광해군 14년(1622년) 2월 사관의 다음과 같은 비판이다.

> 모리배들이 연줄을 타고, (왕실이나 척리) 세력을 빙자해 외방에서 징수하는 것을 조정하고 이익을 노렸으며, 가격을 제멋대로 산정했다. 그리하여 돼지 1마리 값이 면포 30~40필(미 10~13.3석)이나 되었다. 궁첩宮妾이나 척완戚腕[척리], 고관대작, 명사 중 방납에 간여하지 않은 이들이 없었다.13)

이런 상황에서 국가 업무가 늘어나고 재정 수요가 증가할수록 납세자의 경제적 부담은 커져만 갔다. 왕궁 축조 공사를 위한 영건도감의 활

12) 『광해군일기』, 광해군 9년 2월 18일.
13) 『광해군일기』, 광해군 14년 2월 18일.

동이 개시된 광해군 9년 이후 납세 농민이 입은 경제적 피해를 통해 그런 사실을 확인할 수 있다. 영건도감은 왕궁 축조를 위한 재원 마련을 위해 광해군의 재가를 받아 조도사調度使나 조도調度 별장別將, 그리고 조도관調度官 등을 전국 각지로 파견했다. 이들은 임지에서 할당받은 물품을 징수해 영건도감으로 상납하는 임무를 맡았다.

한 명의 조도관이 영건도감으로부터 할당받은 물품은 한 도 전체에서 면포 1, 2동同(1동=50필) 남짓이었다. 이 정도면 한 도의 수세전 1결에서 몇 촌寸의 면포를 징수하면 족했다. 그렇지만 농민들의 납세 부담은 이보다 훨씬 많았다. 조도관들이 으레 방납가를 적용해 면포를 징수하는 과정에서 "백배의 이익을 취했기" 때문이다. 조도관들의 징세 과정에서 드러난 온갖 횡포는 중앙 관료들의 귀에 들려오기 마련이었다. 이들이 조도관들의 불법 행위를 광해군에게 고발하면, 그는 도리어 "조도관들이 징수하는 것은 별비別備이지 백성들에게서 취한 것이 아니다"는 궤변을 늘어놓았다.14) 국왕이 조도관들의 불법 행위를 비호하고 있음을 자인한 것이나 진배없었다. 사실상 조도관들이 저지른 이러한 불법, 악행들은 국왕을 비롯한 권력 핵심부의 정치경제적 지원 없이는 불가능한 것이었다.

이렇게 조도관들의 불법이 공공연하게 자행되는 상황에서 방납의 공시 가격 또한 점차 상승하고 있었다. 광해군 9년 6월에 전라도와 충청도의 생선 한 마리의 공시 가격은 쌀 5~6말, 소금 1말의 공시 가격은 쌀 1섬石이었다. 통상 소금 1말이 쌀 1말로 교환되던 것과 비교하면 이 시기 방납 공시 가격은 원가의 15배 정도였다.

이 무렵에는 조도관들과 그들의 징세 업무를 도와주는 방납업자나

---

14) 『광해군일기』, 광해군 9년 4월 27일.

사주인들만 폭리를 취한 것이 아니었다. 이들의 지시를 받아 징세 행정을 담당하는 지방관이나 변장들도 백성의 혈세를 착복하고자 혈안이 되었다. "수령들은 통상 공시 가격의 2배를 징수해 (절반을) 사적으로 착복하고" 나머지만 조도관들에게 바쳤다.15) 지방관들이나 변장들이 중간 착복에 가담한 까닭은 이들의 관직 임명 과정의 구조적 문제점과 깊이 관련되어 있었다. 이들은 왕실과 척리를 비롯한 당대 실세들에게 막대한 뇌물을 안기고, 수단과 방법을 가리지 않는 청탁을 통해 관직을 획득했다. 그런 그들로서는 어떤 형태든 임지에서 한몫 챙기는 것이 무엇보다 중요했다. 그래야만 훗날 더 나은 자리로의 승진 기회가 생겼기 때문이다.

물론 양심적인 지방관들이 아주 없지는 않았다. 광해군 9년 6월 전라도 및 충청도의 조도사로 파견된 이정험의 보고에서 그러한 사실을 확인할 수 있다. 그가 징세 업무를 감독하기 위해 두 도를 순시했을 때 "각 고을에서는 그를 마치 원수 보듯 하면서 곳곳에서 얼굴을 찌푸렸다. 지방관들은 그의 지시를 번번이 무시하거나 심지어 방해하기까지 했다." 부안현감 이산배만이 백미白* 100석을 선뜻 내놓자 그는 본보기로 광해군에게 그의 포상을 상신했다.16)

2) 왕궁 축조 공사

농민의 납세 부담 증가, 가계 파탄, 경제적 몰락 그리고 도망, 지방행정의 황폐화와 마비, 그로 인한 국가재정의 작동 중지, 행정 체계의 마비로 이어지는 총체적 난국은 광해군 10년(1618) 4월 이후, 이른바 광해

---

15) 『광해군일기』, 광해군 9년 6월 22일.
16) 『광해군일기』, 광해군 9년 6월 22일.

군 치세 3기(광해군 10년~광해군 15년[1623년])에 이르러 한층 더 심해졌다. 광해군 10년 1월에 인목대비의 서궁 유폐라는 정치적 목적을 달성한 광해군은 그와 그를 따르는 대북 정권을 위협할 만한 잠재적 적대 세력, 곧 남인과 서인들을 정계에서 몰아내는 데 성공했다. 이후 국정 운영에 대한 한층 강한 자신감을 보인 그는 필생의 사업으로 꼽은 인경궁과 경덕궁 등 두 왕궁의 축조 공사에 매달렸다.

왕궁 축조를 위한 주무 관청은 영건도감이었다. 광해군의 지대한 관심을 반영해 이곳 관원들은 대부분 그가 총애하고 신임하는 관료들로 채워졌다. 도감 소속 관원들은 정기 인사에 앞서 시행하는 근무 평가, 곧 포폄褒貶에서 제외되었고, 삼사三司의 서경署經이나 탄핵 대상에서도 면제되었으며, 지방관이나 외국사신 직에 임명될 경우에도 면제되었다.17) 영건도감은 광해군의 야심을 실현해 줄 직속 관청이었고, 도청都廳-낭청郎廳-감역관監役官으로 구성된 이곳 소속 관원들은 그가 가장 신임하는 총신들로 짜여졌다. 이 시기 도감에 충원된 관원 중에는 앞서 광해군 9년 2월에 사간원으로부터 탄핵받은 바 있던 조정순 같은 방납업자들도 다수 포함되어 있었다.18)

온갖 수탈에 노출되어 가계 경제를 심각하게 위협받던 농민들에게는 광해군 10년 4월 이후 목재를 벌목하거나 운반하는 강제 노역이 추가되었다. 이 무렵 여진족의 후금 세력의 확장에 따른 국방의 긴장이 고조된 함경도와 평안도 등 두 도를 제외한 나머지 모든 지역의 백성이 대상이었다. 궁궐 건축에 사용할 아름드리나무들, 곧 대목大木들은 대부분 서해 도서 지방이나 강원도의 산간 지대에서 생산되었다. 서해 도서 지방의 대목

17) 『광해군일기』, 광해군 10년 6월 17일; 광해군 14년 2월 5일.
18) 『광해군일기』, 광해군 10년 6월 19일.

들은 서울로 운반하는 것이 비교적 쉬웠다. 운송로가 비교적 짧고 대부분 바다를 통해 배로 운반되었기 때문이다. 그렇지만 태백산맥, 소백산맥에 접경한 강원도 산간 지대의 경우 벌목, 목재 운반, 강을 이용한 운송 같은 노역들은 엄청난 경제적·육체적 출혈을 강요하는 고역이었다. 가장 큰 피해를 입은 이들은 강원도 고산 지대에 거주하는 백성들이었다. 이곳의 깊은 "산골짜기에 사는 잔약한 백성들은 …… 생업을 잃고 여기저기 떠돌아다녔으며, 사람들이 거주하지 않는 마을들은 쓸쓸해졌다." 이런 상황에서 "백성들은 벌목한다는 소리만 들으면 모두 바로 도망치려 했다."19)

뿐만이 아니었다. 조도관들은 벌목이나 목재 운송 과정에도 으레 방납 관행을 적용시켰다. 그런 이유에서 농민들이 어렵사리 벌목한 목재들을 남한강과 북한강으로 운반해쌓아 두었지만 정작 대부분의 목재는 영건도감으로 보내지지 않았다. 그런 사실을 영건도감이 확보한 목재의 규모를 통해 확인해 볼 수 있다. 영건도감은 광해군 10년 4월에 왕궁 축조를 위해 소요될 목재로 대목 25,720조, 중목연목中木椽木 28,060개 정도를 산정한 바 있다. 그런데 그해 말 영건도감에 들어온 목재는 대목 4,590조뿐이었다.

계획이 중대한 차질을 빚게 되자 영건도감은 방납업자를 동원해서라도 목재를 확보하려 했다. 그해 말 영건도감에 들어온 대목 중 1,600조는 강원도 원주에 거주하는 사주인 김흡金洽이 매입한 것이었다.20) 그는 이 공로로 영건도감의 관원이 되었고, 강원도의 목재를 상납하는 책임자가 되었다. 정부는 방업업자를 적극 활용하고, 방납업자는 이것을 기회로 관원이 되었다. 그런 이유에서 영건도감의 하급 관원인 감역관監役官과 방

---

19) 『광해군일기』, 광해군 10년 10월 8일.
20) 『광해군일기』, 광해군 10년 10월 8일.

납업자 상호 간에는 경계가 아주 모호했다.

　이렇게 벌목과 운송에 이르는 전 과정이 방납업자 수중에 떨어지자 농민들은 강제 노역뿐만 아니라 엄청난 방납가를 납부해야 하는 등 이중고에 시달렸다. 이들이 생계를 전폐하고 심산유곡을 떠돌아다니면서 각종 노역에 투입되었음에도 불구하고 정작 이들이 고생해 확보한 목재의 대부분은 영건도감으로 흘러가지 않았다. 농민들이 원액의 10배에 달하는 재목을 벌목, 운송해 남한강이나 북한강에 쌓아두면 8～9배에 달하는 재목은 왕실과 척리-방납업자와 사주인의 사적 커넥션으로 흘러 들어갔고, 원액을 가까스로 채운 목재만이 영건도감에 유입되었기 때문이다. 대부분의 목재는 왕실과 척리들 그리고 그들의 친인척 집으로 운송되고, 그들의 가옥을 웅장하게 단장하고 증축하는 데 사용되었다. 방납 관행으로 인한 폐해, 곧 "농민들이 고달프고 국가도 가난에 허덕이는" 현상은 목재 운송 과정에서도 어김없이 반복되었다.

　그런데 영건도감에 도착한 목재는 예상 수치를 크게 밑돌았다. 광해군 10년 겨울까지 영건도감이 확보한 재목은 대목 4,590조뿐이었다. 원래 예상한 대목의 17.8%만이 납입되었던 것이다. 더욱이 연목椽木[서까래나무]은 전혀 납입되지 않았다. 이렇게 건축 재료가 크게 부족한 상황에서 왕궁 축조 공사는 한없이 연기되었다. 공기가 이렇게 지연되자 광해군 12년(1620년) 6월, 인내심의 한계에 도달한 광해군은 조도관을 추가로 임명해 전국에 파견하기 시작했다. 그리하여 황해도 이하 6도에는 무려 100여 명에 달하는 조도관이 조도장調度將, 벌목관伐木官, 매탄관埋炭官, 취철관吹鐵官 등 갖가지 명칭으로 활동하기에 이르렀다.21) 조도관이 많아

---

21) 『광해군일기』, 광해군 9년 4월 27일; 광해군 12년 6월 13일.

질수록 방납업자들의 조도관 진출도 쉬워졌다. 방납업자들이 조도관으로 전환하면서 왕실과 척리들의 부는 점점 더 쌓여 갔고, 그로 인해 이들을 중심으로 한 사치와 낭비 풍조가 만연해갔다. 광해군 12년 9월에 사관은 국왕과 왕실, 그리고 척리들이 부와 사치를 다투던 당시 세태를 다음과 같이 비판하고 있다.

> 궁궐 공사를 시작한 지 10여 년이나 되었다. 돈을 내는 자는 관직에 임명되고, 물품을 바치는 자는 죄가 면제되었다. 심지어 술 한 번 취할 정도의 값으로 대호군大護軍에 임명되기도 했다. 그리하여 (왕실과 척리들의) 하인배들도 모두 금옥金玉으로 장식할 정도였다. 광해군은 재물을 더욱 탐냈고, 많은 내총內寵들은 뇌물을 산더미처럼 쌓아 두었으며, 궐문 밖이 시장이 되어 버렸다.22)

왕궁 축조 공사는 사실상 국왕과 왕실, 척리 그리고 권력 실세들의 축재 수단으로 활용되고 있었다. 이런 이유로 공기가 늘어날수록 피해는 고스란히 농민들이 입게 되었다. 이러한 우여곡절 끝에 경덕궁은 공사 개시 2년 3개월만인 광해군 12년 6월 마침내 완공되었다. 이때까지 영건도감이 확보한 목재는 대목과 중목을 모두 합해 22,000~23,000개 정도였다. 원래 확보하기로 예정된 53,780개의 40.9~42.8%에 불과한 수치였다. 이 중 경덕궁 공사에 들어간 목재는 모두 합해 18,000개 정도였다. 정부는 4,000~5,000개의 남은 목재를 갖고 이듬해인 광해군 13년(1621년) 봄부터 인경궁 공사를 재개할 것을 결의했다.23) 인경궁 공사를 위해서는 31,000개의 목재가 더 필요한 상황이었다. 그런 점에서

22) 『광해군일기』, 광해군 12년 9월 29일.
23) 『광해군일기』, 광해군 12년 6월 13일.

농민들의 시련은 아직 끝난 것이 아니었다.

3) 위망危亡의 조짐들

정부가 인경궁 공사의 강행을 결의했음에도 불구하고 광해군 12년은 사실상 왕궁 축조 공사를 지속할만한 동력을 상실한 해였다. 그해 봄, 여름의 대기근과 곡가 폭등, 그리고 후금 세력의 요동 확장에 따른 조선군의 서북[평안도, 함경도] 국경 지대로의 대규모 파견 등 크고 작은 난제가 겹쳤기 때문이다. 상황이 이렇게 매우 불리하게 돌아갔지만 광해군은 인경궁 공사에 대한 집념을 꺾지 않았다. 이로 인해 정부는 풍흉 시기 곡가의 시세 차익을 통한 재원 확보, 공명첩空名帖의 대대적 발행, 조도관의 추가 파견 같은 극단적 조처들을 쏟아냈다.24)

이렇게 민간경제가 극도로 불안정한 상황에서 또 다시 비정상적인 정부 조처들이 쏟아져 나오자 광해군 12년 여름을 기점으로 농민 경제가 붕괴하기 시작했다. 가장 피해가 컸던 곳은 목재 벌목과 운반역이 집중되었던 강원도였다. 강제 노역을 감당하지 못한 이곳 백성들을 중심으로 경제적으로 파산하고 유망하는 사태가 광범위하게 발생하게 되었다. 이런 상황에서 정부는 이전의 재원 확보 방식을 계속 고집하기가 어려웠다. 그리하여 정부는 이곳에 추가 할당한 별복정 면포를 감면해주고, 제향祭享과 어공御供을 제외한 나머지 공물과 전세 조 곡물을 작미作米, 작포作布하는 방안을 허용해주었다. 각종 부세의 작미, 작포 방안을 일관되게 반대해온 광해군도 이때에 이르러서는 한 발 물러서지 않을 수 없었던 것이

---

24) 『광해군일기』, 광해군 12년 6월 7일; 6월 13일.

다.25)

이 무렵 이렇게 가다가는 나라가 무너질지도 모른다는 위기감이 관료들과 지식인들 사이에서 빠른 속도로 퍼져나갔다. 광해군 12년 9월에 전라도 장흥에 거주하던 전 도승渡丞 엄대인은 "인심이 날로 흩어지고 원성은 구름처럼 일고 있어서, 국가가 위망할 조짐이 나타나고 있다"며 "궁역宮役을 빨리 중지해 백성의 힘을 펴줄 것"을 요청했다.26) 사간원에서도 국가의 위망에 대한 두려움이 확산되었다. 그해 11월에 사간원은 철원 부사 남빈南斌에게 초점을 맞춰 공격을 감행했다. "원래 행검이 없던" 남빈은 부임하는 곳마다 착취를 일삼았다. 이 자의 탐학상은 그가 철원 부사가 되면서 더욱 심해졌다. 그는 "스스로 방납인이 되어 철원에 할당된 공물의 정가보다 2~5배씩이나 더 징수했으며, 조금이라도 부족하다고 판단되면 농민을 낭자하게 매질해 고을 전체를 물과 불의 구덩이 속으로 빠뜨렸다." 사간원은 정도의 차이는 있지만 조선 팔도의 수령이 모두 탐학하다는 점을 지적하면서 "민생이 도탄에 빠졌고 국가가 위망 상태에 놓여있다"며 당시의 암울한 분위기를 광해군에게 전달하고자 안간힘을 썼다.27)

군현의 수령이나 진보의 변장들의 탐학상은 사실상 광해군 대에는 고치기 힘든 고질병이었다. 수령, 변장의 임명이 철저하게 광해군을 정점으로 한 왕실과 척리들의 비호 속에 이루어졌기 때문이다. 왕실과 척리들은 공시 가격을 정해 놓고 관직 후보자들에게 공공연하게 대가를 요구했고, 그들은 그러한 값을 치르고 관직에 임명되었다. 그렇게 임명된 관직

25) 『광해군일기』, 광해군 12년 6월 13일.
26) 『광해군일기』, 광해군 12년 9월 29일.
27) 『광해군일기』, 광해군 12년 11월 10일.

자들은 임지에서 자연스럽게 부정부패에 빠져들었다. 광해군 13년(1621년) 12월 사헌부는 곡산 군수 박성룡과 당진 현감 심정익을 강도 높게 비판했다. 박성룡은 부임 이후 "오로지 수탈만을 일삼았으며", 심정익은 "50여 명이나 되는 가솔을 거느리고 부임해 가난한 고을에 엄청난 해를 끼쳤고, 이로 인해 백성들이 계속 유망했기 때문이다." 사헌부의 계사를 접한 광해군은 으레 그러했듯 "천천히 결정하겠다"며 결정을 유보했다.

사관은 국왕이 결정을 유보한 이유를 "당시 탐학한 수령들이 모두 궁금宮禁과 내통하고 있기 때문"이라고 진단했다. 이런 상황에서 사헌부나 사간원의 관원들이 탐학한 수령들을 탄핵해본들 소용이 없었다. 이들은 아주 태연하게 "내 돈이 아직 남았는데 무엇을 근심하겠는가?"라며 가렴주구에 열을 올렸다.[28] 관직 후보자들이 광해군과 왕실, 척리들과의 긴밀한 사적 연결망 속에서 지방관과 변장에 임명되고, 이들이 임지에서 부정부패를 일삼는 정치경제적 구조에 대해서는 광해군 14년 7월에 거행된 여름 정기 인사인 도목정사都目政事를 기록한 기사 말미에 쓴 사관의 비평이 참고가 된다.

이때는 여알女謁이 성행하고 뇌물이 횡행했다. 그리하여 인사를 거행하는 날에는 차비문差備門 바깥에 사람들이 장터처럼 몰려들었다. 뇌물을 받은 궁녀들이 감사, 병사, 수사, 수령, 변장을 일일이 낙점해 임명했다. 그러고는 "백금 몇 냥으로 이 벼슬을 제수했다"며 그동안 들인 밑천을 납부하도록 독촉했다. 관직자들은 부임 즉시 임지에서 공공연하게 빚을 갚아야 한다는 핑계로 세금 징수를 재촉했다. 심지어 갖가지 명목을 교묘하게 만들어 마구 거둬들이는 이들

---

28) 『광해군일기』, 광해군 13년 12월 11일.

도 있었다.29)

광해군은 뇌물 상납의 다과, 징세관인 조도관들에 대한 협조 여부로 지방관과 변장들의 근무 성적을 평가했다. 이런 이유로 감사와 병사와 수사로부터 현령, 현감, 첨사와 만호에 이르기까지 모든 지방관과 변장은 조도관들의 징세 업무에 적극 협조하는 한편 그것을 핑계로 중간에서 착복하기도 했다. 조도관들의 무자비한 강탈에 직면한 백성들은 이들이 나타나면 "마치 귀신이나 도깨비 보듯" 두려워했다. 그럼에도 불구하고 광해군은 "이들이 국사에 충성을 다한다 여겨 더욱 더 총애하고 더욱 더 큰 일을 맡겼다."30)

이런 상황에서 대부분의 군현에서는 조도관들과 지방관 그리고 변장들이 한 통속이 되어 서로 농민들을 협박하고 갈취하는 일들이 다반사로 벌어졌다. 조도관 중 가장 악명 높았던 이는 황해도 조도사 김순金純이었다. 그가 1623년의 인조반정 이후 체포되어 사형에 처해졌을 때 황해도 백성들은 "앞 다투어 그의 살을 씹어 먹으려 할" 정도로 그에 대한 원망이 뼈에 사무쳤다.31)

그 결과는 참담했다. "백성들이 흩어져 사방으로 떠돌아다녔으며, 한 고을이 텅 비고, 한 도가 텅 비고, 마침내 팔도가 다 비게 되었다."32) 날이 갈수록 더욱 탐학한 지방관이나 변장이 부임하는 상황에서 농민들은 생존을 위해 몸부림쳤다. 아주 운 좋게도 청렴한 지방관이 부임해 행정을

---

29) 『광해군일기』, 광해군 14년 7월 14일.
30) 『광해군일기』, 광해군 14년 2월 5일.
31) 『광해군일기』, 광해군 14년 3월 6일.
32) 『광해군일기』, 광해군 14년 7월 14일.

공정하게 집행할 경우 백성들은 그의 연임을 위해 모든 노력을 아끼지 않았다. 그런 수령이 탄핵받거나 임기 만료로 교체될 경우 백성들이 자발적으로 돈을 모아 그의 연임 운동을 펼쳤다. 광해군 14년(1622년) 10월에 전라도 나주 백성들이 목사 유석증의 유임을 위해 쌀 1,000석을 바치거나 함평 백성들이 현감 이홍망의 재부임을 위해 쌀 300석을 바친 것이 그런 사례였다. 나주 목사 유석증은 임지에서 근신해 잘 다스렸고, 전 현감 이홍망도 청렴, 근신했던 탓이었다. 이 내용을 기록한 사관은 "백성들의 마음이 아주 감동적이다"고 감탄하고 있다.33) 목사와 현감의 공정 가격이 각각 쌀 1,000석, 300석이라면 백성들이 자발적으로 그러한 돈을 바치고 그들의 수령을 자매自賣하는 웃지 못할 일들이 곳곳에서 벌어지고 있었던 셈이다.

상황이 이렇게 계속 악화되어 가자 향후 국가의 전망을 더욱 비관하는 이들이 늘어났다. 광해군 14년 8월에 영건도감의 도청都廳인 권첩조차도 당시 상황을 심각하게 받아들였다. 그는 지방에 파견된 조도관 직을 혁파해 소환하고, 조도사 김순을 강원도, 함경도로 파견하지 말 것이며, 영건도감의 누적된 폐단을 시급히 변통할 것 등을 광해군에게 강력하게 요청했다.34) 모든 문제의 진원지인 영건도감의 실무 책임자까지도 이렇게 사태를 다급하게 인식할 정도로 당시 상황은 걷잡을 수 없는 위기로 빠져들었다.

---

33) 『광해군일기』, 광해군 14년 10월 6일.
34) 『광해군일기』, 광해군 14년 8월 17일.

3. 농민 경제의 실상

농민들의 곤경, 사회적 불안, 그로 인한 농민들의 경제적 파탄과 몰락, 종국에는 나라의 멸망에 대한 공포의 확산 등 암울한 상황은 광해군 12년 6월에 조도관의 전국적 파견을 계기로 한층 더 커져갔다. 이들이 임지에서 온갖 횡포와 비리를 저지르면서 백성들에게 엄청난 사회경제적 부담을 안겼기 때문이다. 지응곤을 비롯한 조도관들의 전국 파견 소식을 기록한 기사 뒷부분에서 사관은 당시 상황을 다음과 같이 매우 예리하게 분석하고 있다.

> 1613년(광해 5) 계축대난癸丑大亂 이후 난망亂亡이 이미 판명되었고, 1618년 (광해 10) 무오수의戊午收議 이후 인리人理가 이미 끊어졌으며, 궁궐의 영건 공사 이후 민생民生이 다 했다. 그러나 존망存亡의 대세는 지응곤 등을 조도사로 파견할 때 결정되었다.35)

사관은 광해군과 그의 조정이 몰락한 순차적 계기로 첫째 광해군 5년 계축옥사癸丑獄事로 인한 영창대군의 폐위와 사망, 둘째 광해군 10년 인목대비의 서궁 유폐와 대대적인 왕궁 축조 공사의 강행, 셋째 광해군 12년의 조도사 파견 등을 들고 있다. 조도사 파견은 광해군의 조정이 거덜 난 민간경제와 극도로 불안정했던 민간 사회에 대해 마지막으로 가한 타격이었다. 그러한 사정을 확인하는 것은 결코 어렵지 않다. 경기도 안성과 강원도 삼척 등 두 지역 사례를 통해 광해군 치세 3기, 마침내 몰락

---

35) 『광해군일기』, 광해군 12년 6월 13일.

팔도지도 중 경기도 부분

의 기로에 들어선 광해군 치세의 마지막 풍경을 확인해보자.

1) 경기도 안성

인조 3년(1625년) 2월에 안성 군수 허유(許綏)는 임지의 참담한 현실을 고발하는 상소를 올렸다.36) 그에 따르면 안성은 백성들이 광범위하게 유망해 토지가 황폐해졌고, 전세뿐만 아니라 공물과 진상, 군역 등 갖가지 부세와 신역이 제대로 징수되지 않는 군현이었다. 그의 상소를 근거로 당시 안성 신역자들의 유망 상황을 살펴본 것이 〈표 1〉이다.

---

36) 『승정원일기』, 인조 3년 2월 7일.

<표 1> 안성군의 신역자 유망 비율

신역자	원액	유망	유망 비율(%)
기병·보병	480	180	37.5
수군	240	73	30.4
관속	3	3	100.0
관노비	11	7	63.6
합	734	263	35.8

<표 1>에 따르면 안성의 신역자 원액은 734명이었다. 그런데 35.8%인 263명이 유망해, 이곳에 거주하지 않았다. 유망은 양민良民[기병騎兵 및 보병步兵, 수군水軍]뿐만 아니라 관속官屬이나 관노비官奴婢 등 모든 계층에서 폭넓게 발생했다. 특히 관속과 관노비의 유망 비율은 100%, 63.6%나 될 정도로 높았다. 기병과 보병과 수군의 유망률은 그보다 낮았지만 30~38%에 달할 정도로 높았다. 전체 인원의 1/3에 달하는 신역자들이 유망한 상황에서 그들이 평소 경작해온 토지도 황무지로 변해 버렸다. 원래는 개간전이었지만 현재 황무지 상태로 있던 토지는 500결로 전체 개간전(1396.6결)의 35.8%나 되었다.

유망 인원과 전답이 원액의 1/3을 넘겼음에도 불구하고 안성군이 부담해야 할 부세와 신역은 이전과 동일했다. 정부가 세금 감면 같은 혁신적 조처를 취하지 않을 경우 지역에 할당된 부세나 신역의 양이 줄어들지 않기 때문이었다. 이런 상황에서 그곳에 남아 있던 백성들은 족징族徵, 인징隣徵이라는 명목으로 1/3에 달하는 도망자의 부세와 신역을 추가 부담해야 했다. 모두가 엄청난 양의 부세와 신역의 강제 징수에 노출된 상황에서 도망자나 잔존자의 경제 형편은 크게 다르지 않았다. 이 때문에 "남아 있는 안성 군민들은 점점 커져가는 부세 부담으로 인해 궤산潰散하려

는 마음만 먹고 있었다."

　1620년(광해군 12년)부터 1622년(광해군 14년)까지 3년 동안 이곳에 할당된 환자곡 400석도 큰 부담이었다. 환자곡은 실제 농민들에게 분급되지 않았지만 농민들이 원곡元穀뿐만 아니라 이자인 모곡耗穀 또한 관청에 납부해야 하는 사실상의 부세였다. 이렇게 부세와 신역의 부담이 중첩되고 가중된 상황에서 상급 관청에서는 부세 미납을 이유로 농민들의 토지를 강제로 속공屬公시켜 버렸다. 이 토지들은 다시 관청들에 절수折受되거나 훈신勳臣이나 상급 관청에 사급賜給되었다. 이 때문에 토지를 거의 강탈당해 버리다시피 한 백성들의 원성은 하늘을 찔렀다.

　안성군의 피폐상이 본격화된 계기는 광해군 10년 11월에 안성군이 이웃한 죽산 현으로 편입된 것이었다. 후금과의 군사적 긴장이 점차 높아지는 상황에서 정부는 수도 서울의 방어 진지의 하나로 죽산산성을 수축했다. 이 산성의 전략적 중요성이 강조되면서 안성군은 군세가 그보다 약한 죽산현의 속현屬縣으로 강등되고 말았다. 광해군 10년에 독립 군현의 지위를 잃은 안성이 때마침 부세 부담이 폭주하던 광해군 12년과 바로 마주친 것이 재앙의 시작이었다. 죽산 현에 추가 할당된 부세와 신역이 속현인 안성으로 편중 부과되었기 때문이다. 각종 부세와 신역 부담이 눈덩이처럼 커져간 상황에서 부세의 편중 부과라는 악재까지 겹치면서 광해군 12년 이후 이곳 백성의 유망이 시작되었다. 그에 따라 그들이 경작하던 농경지도 황폐해졌다. 유망자의 부세와 신역이 잔존 백성들과 개간전에 전가되면서 잔존자들과 그들의 개간전도 유망과 유실의 위협에 노출되었다.

　안성이 이렇게 피폐해지자 광해군 14년에 경기도 관찰사 박자흥朴自興은 안성군을 독립군으로 다시 복구하고, 3년 동안 조세 및 요역을 감면해 주는 특단의 조처를 약속해주었다. 이후 안성은 독립 군의 지위를 회복할 수 있었다. 그렇지만 얼마 지나지 않아 인조반정이 발발했고, 세자빈 박씨의 친정 부친인 박자흥(영의정 박승종朴承宗의 아들)이 자살로 생을 마감함으로써 그가 약속한 조세 감면 조처는 끝내 실행되지 않았다. 이런 상황에서 인조 즉위 이후에도 안성은 농민이 계속 유망하고 토지가 황폐해지는 대표적 사고 지역이 되었다. 인조 원년(1623년) 이래 2년 동안 이곳에 부임한 군수 3명은 사태를 수습하지 못한 책임을 물어 연달아 파직되었다. 허수가 이곳 군수로 부임한 것은 인조 2년 겨울이었다. 그가 부임하자 사민士民 이인남 등 100여 명이 연명으로 상언해 군현의 문제점들을 진정하는 한편 근본적인 대책 마련을 촉구하고 나섰다.

앞서 살펴본 대로 안성이 피폐해진 것은 광해군 10년으로, 안성군의 죽산현으로의 편입이 계기가 되었다. 그렇지만 특단의 조처를 취하지 않으면 안 될 정도로 상태가 악화된 시점은 광해군 14년이었다. 안성은 불과 5년 만에 사고 지역으로 변해 버렸다. 이 5년이라는 기간은 광해군의 실정이 정점을 향해 치닫고, 조도관의 파견과 탐관오리의 집중 배치라는 정치경제적 난맥상이 한꺼번에 노정된 시기, 곧 광해군 치세 3기에 해당되는 시기였다. 가만있어도 안전을 위협받을 판에 죽산으로 편입된 탓에 더 큰 충격을 입은 안성은 인조 3년에 전체 백성과 전답의 1/3 이상이 유망하거나 황폐해져 회복이 도저히 불가능한 군현이 되고 말았다.

2) 강원도 삼척

1625년(인조 3년)에 삼척 부사 조즙趙濈은 당시 피폐했던 삼척의 사정을 진시무소陳時務疏를 통해 정부에 보고한 바 있다.37) 삼척은 1621년

(광해군 13년)부터 인조반정이 발발한 1623년까지 3년 동안 신역 부담자 1,000명이 유망하고, 500여 결의 수세 전결이 황무지로 변해 버렸다. 유망 인원 1,000여 명은 전체 신역자(1,333명)의 70~80%에 이르는 수준이었고, 유실 전결은 전체 전결(1,019결)의 52%인 530여 결이나 되었다. 이런 상황에서 잔존 인원 333명이 개간전 1,019결에 대한 각종 부세와 신역을 부담해야만 했다.

이렇게 유망이 광범위한 상황에서 광해군 15년까지 삼척부에 쌓인 미납 부세와 신역 규모는 엄청났다. 기병과 보병의 가포價布, 내노비內奴婢의 신공身貢, 깨어진 염분鹽盆에 대한 세금, 타지로 이주한 어호漁戶의 포布, 병조兵曹의 무포貿布, 공장工匠의 가포 등 수많은 명목의 부세가 미납분으로 남아 있었다. 미납된 전결세田結稅를 모두 합칠 경우 면포로 1,664필(쌀 554.7석)이나 되었다.38)

이밖에도 광해군 치세 3기에 이곳에 추가 할당된 부세 또한 결코 만만치 않았다. 원래 삼척에는 악공樂工이 3명에 불과했지만 이후 7명이 추가 되어, 10명의 악공 역을 부담해야 했다. 악공 1명에게는 봉족奉足 2명이 할당되었으므로 삼척이 매년 부담하는 30명의 악공과 봉족의 가포는 면포 490필이었다. 그런데 악공이 직접 상경해 복무하지 않고 서울 사람으로 대립代立할 경우 가격은 2배로 뛰었다. 이런 이유에서 악공이나 봉족 1명이 매년 대립가로 부담하는 가포는 32.6필(미 10.9석)이나 되었다. 이 정도의 부담은 통상 8명으로 구성된 한 가족의 1년 최저 생계비를 초

---

37) 허목許穆(1595~1682년), 『척주지陟州誌』(1662년), 부사 조즙의 진시무소(1624~1625년).
38) 삼가목蔘價木 835필, 양감군梁監軍 3결포結布 359필, 평안도 이정목移定木 203필, 기인목其人木 140필, 대동목大同木 127필 등.

과하는 엄청난 규모였다.[39]

　신역 부담이 이렇게 가계 경제를 압박하게 되자 악공과 봉족들은 "1년 만에 소와 말을 처분하고, 2년이 되면 전지田地를 처분하고, 3년이 되면 집을 처분하지 않을 수 없었다." "이들이 유망하게 되면 친척이나 이웃에게 가포가 전가되었고, 이들의 연쇄 유망으로 이어졌다." 신역자의 70~80%, 개간전의 50% 가량이 유망되고 유실된 까닭이 여기 있었다. 그렇지만 유망 인원과 유실 전답에 부과된 각종 부세와 신역은 그대로 남아 잔존자의 가계를 더욱 압박해 들어갔다. 그로 인해 "민호民戶가 유망하고 전결이 감축되는" 악순환이 반복되었다. 삼척은 원래 관속官屬이 많기로 소문난 곳이었는데, 몇 해 전부터 유망이 본격화되면서 관속은 평시의 1/10만이 가까스로 남아 있었다.

　이렇게 참담했던 삼척의 사정은 1623년의 인조반정으로 크게 개선되었다. 인조 3년에 삼척 부사 조즙의 상소로 인해 전결 214결이 진전陳田으로 바뀌었다. 그로 인해 수세 전결은 642.903결로 크게 줄어들었다. 게다가 광해군 말기에 집중된 온갖 종류의 부세 추징과 방납 행위, 조도관들과 지방관들의 탐학상 같은 다양한 사회경제적 악행이 대부분 사라졌다. 삼척은 인조반정을 계기로 회복의 길로 들어서게 되었던 셈이다.

　경기도 안성의 상황과 비교할 때 강원도 삼척의 사회경제적 상황은 훨씬 더 열악했다. 안성의 유망 신역자와 전결이 35.8% 수준이었던 데 비해 삼척은 각각 70~80%, 52%에 달했기 때문이다. 삼척이 안성보다 훨씬 더 큰 타격을 받은 까닭은 이곳이 태백산맥과 연접해 궁궐 축조에 필요한 우수한 목재들이 생산된 곳이었기 때문이다. 광해군 10년에 궁궐

---

[39] 8명으로 구성된 한 가족의 1년 최저 생계비는 미 9.6석이었다(『광해군일기』, 광해군 3년 10월 11일).

축조 공사가 본격적으로 추진되면서 벌목, 목재 운반을 비롯한 각종 토목 공사가 집중된 곳이 바로 강원도 관동 지방이었다. 이곳에 위치한 삼척이 안성과는 비할 수 없는 엄청난 타격을 입은 까닭이 여기 있었다.

삼척이 얼마만큼 광해군 실정의 융단폭격을 맞았는지는 태백산맥 깊숙이 자리한 장생리長生里의 사정을 통해 확인할 수 있다. 이곳은 태백산맥 너머 동해로 뻗어 있는 심산궁곡에 위치한 탓에 비록 목재를 벌목하더라도 서울로 운송하는 것이 불가능한 지역이었다. 목재를 남한강으로 운반하기 위해서는 험준한 산과 고개를 수없이 넘어야 했기 때문이다. 이로 인해 이곳 백성들은 노역에 동원되는 대신 가포를 부담했다. 그렇지만 정부가 조도관을 통해 "수도 없이 면포를 징수한 탓에 사람들의 유망이 줄을 이었다." 특히 울탄 방면 촌락들의 피해가 가장 심했다.

이렇게 타격을 입은 장생리 일대 촌락들은 1660년까지도 경제가 회복되지 않았고, 인구도 늘어나지 않았다. 광해군의 실정이라는 융단폭격으로 초토화된 이 지역을 1660년에 삼척 부사 허목이 방문했을 때 그의 눈에 비친 이곳 풍경이 그러했다. 그는 "이곳은 여전히 민가가 한적한 편이다"고 그가 편찬한 삼척의 지방지인 『척주지』에 기록해두었다.40) 인조반정으로 사회경제가 다시 소생하게 된 1620년대 중반 이후 그리고 '여민휴식' 정책으로 인한 장기호황 국면이 지속된 1660년대까지도 이곳은 여전히 침체 상태에서 벗어나지 못한 채 활기를 잃고 있었다.41) 삼척의 장생리는 광해군 치세 3기의 실정, 특히 왕궁 축조 공사를 빌미로

---

40) 허목, 『척주지』 하, '장생리'.
41) 임진왜란 이후 조선 왕조가 시행한 '여민휴식' 정책과 17세기 전기와 중반의 장기 호황 국면에 대해서는 김성우, 『조선중기 국가와 사족』(역사비평사, 2001); 같은 저자, 「임진란과 조선의 경제」; 같은 저자, 「전쟁과 번영 – 17세기 조선을 바라보는 또 다른 관점」; Kim, Sung-woo, "War and 'War Effects'" 참조.

도산서원 현판

한 백성들의 수탈이 얼마나 전방위적으로 감행되었는지, 그리고 그에 따른 여파가 얼마나 오래 지속되었는지를 웅변해 주는 대표적 지역이었던 셈이다.

4. 경상도 예안 지역 사회의 동향

1) 친북親北 세력의 향권鄕權 장악

예안은 조선을 대표하는 대유大儒 이황의 고향이자 조선 최고의 사립 교육기관인 도산서원이 소재한 곳으로 유명했다. 이곳 사족들은 1575년의 동서 분당 이후 동인 당색을 줄곧 견지했고, 1598년의 남북 분당 이후에는 류성룡을 영수로 하는 남인 당색을 고수해왔다. 당시 예안 사회를 주도한 대표적 종족인 광산김씨, 진성이씨 등이 이러한 정치적 입장을 견지했다.42)

그렇지만 1598년의 임진왜란 종료 이후 중앙 정계가 북인 중심으로

---

42) 16~17세기 경상도 예안의 지역 사회에 대한 연구로는 박현순, 『16~17세기 禮安縣 士族社會 硏究』(서울대학교 박사학위논문, 2006)가 있다.

재편되는 상황에서 예안 사회 또한 범북인계 정파들이 성장하는 새로운 전기를 맞았다. 예안의 남인계는 퇴계-서애(류성룡), 학봉鶴峰(김성일)을 정치적·사상적으로 추종하는 세력으로 이전부터 예안 사회를 주도해온 광산김씨, 진성이씨 등이 주축을 이루었다. 반면 범북인계는 이황의 고제 高弟 중 하나인 월천月川 조목趙穆을 내세우면서 정치사회적 영향력을 키워 갔다.43)

이 지역의 범북인계는 월천학파와 제휴를 모색하면서 정치적·학문적 영향력을 키워갔다. 영주의 오운吳澐-오여온吳汝穩 부자, 안의 이강李茳 4형제, 그리고 조목의 제자들[김중청, 김택룡]이 이 지역의 범북인계를 대

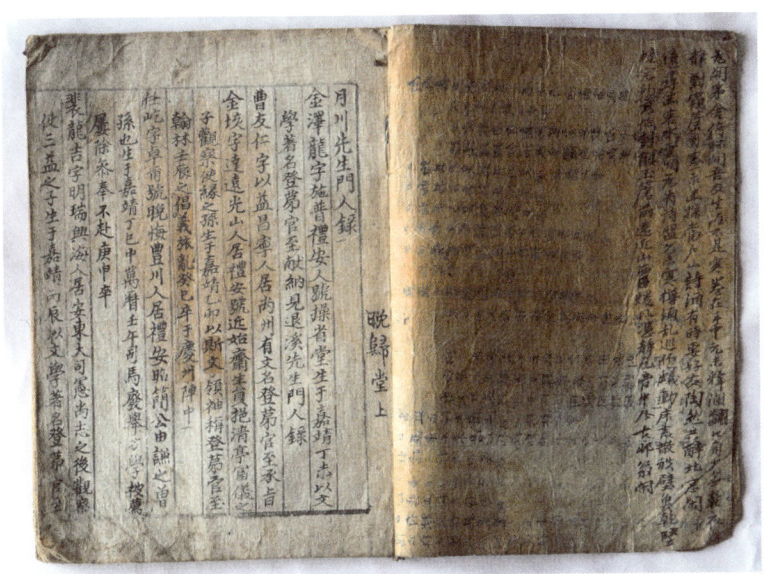

월천선생 문인록

43) 김형수, 「17세기 초 月川學團과 예안 지역 사회의 재건」, 『민족문화연구』 65, 2014, pp. 299~305.

표하는 인물들이었다. 이들은 중앙과 지방의 대북 세력의 지원에 힘입어 광해군 6년(1614년) 11월에 조목의 도산서원 종향從享을 관철시켰다. 그렇지만 여전히 이 지역의 주류였던 서애와 학봉계는 이후에도 월천계와 계속 반목하면서 극렬하게 대립하는 양상을 띠었다.44) 이 과정에서 조목의 종향을 주도하거나 지지한 세력의 일부가 대북으로 전향하기도 했다. 이강 4형제가 가장 대표적인 인물들이었다.

　　광해군 치세 15년 동안 중앙 정계에서 대북 세력의 전횡이 한층 심해질수록 예안의 지식인 중 친북인親北人으로 기울어지고 또 대북으로 전향하는 이들이 늘어났다. 이런 양상은 광해군의 실정이 정점을 향해 달려간 광해군 치세 3기, 곧 광해군 10년~15년에 이르러 한층 더 강해졌다. 친북인계, 대북계 인사들이 점점 늘어나는 상황에서 예안 사족 사회의 주도권은 범북인계로 넘어갔다. 이들은 경상도 관찰사와 예안현감으로 부임하는 대북계 관료들과 협력, 유향소留鄕所와 향교를 장악해 지역의 향권을 독점했으며, 세금 징수, 군인 징발 등 제반 문제에 깊숙이 간여했다. 뿐만 아니라 월천 종향 사건을 계기로 도산서원과 역동서원易東書院 등 범안동권 지역의 학문적·정치적 구심점 역할을 톡톡히 한 대표적 사립 교육 기관도 그들이 차례로 접수해 나갔다.45)

---

44) 金玲(1577~1641년), 『溪巖日錄』(1613년 6월 26일~1614년 11월 9일).
45) 1608년의 광해군 즉위 이후 대북 정권의 독주, 예안 사족 사회의 정치적·사회적 갈등에 대해서는 김성우, 「광해군 대 정치 지형의 변동과 경상도 예안 사족들의 대응」(『역사학보』 226, 2015, pp. 4~31) 참조.

2) 1623년의 인조반정과 친북 세력의 몰락

예안의 범북인계는 1623년 3월의 인조반정의 발발로 대부분 몰락했다. 예안의 대북 세력을 대표했던 이강은 스승 정인홍과 함께 끌려나와 참형당했다.46) 인조반정은 1623년 3월 12일 저녁에 발발했지만 이 소식이 범안동권에 전파된 것은 그로부터 8일이 지난 3월 19일이었다.47) 이 소식이 전해지자 그동안 대북 세력이나 범북인계의 전횡 아래 크게 위축되었던 지역의 남인계 인사들이 들고 일어났다. 그리하여 각 지역에서는 남인 주도로 향회鄕會를 개최, 광해군의 실정에 가담해 온갖 악행을 저지른 이들에 대한 처벌이 단행되었다.

범안동 권역에서 가장 먼저 향회가 개최된 곳은 영천(곧 영주)이었다. 이곳에서는 3월 28일에 수백 명이 향회에 참석, 그동안 가장 큰 악행을 일삼았던 이강李注, 이장李藏, 이영구李榮久, 금대아琴大雅, 이잠李埁, 이광계李光啓, 이광렬李光烈 등의 집을 허물고[훼가毁家], 고을에서 축출하는[출향出鄕] 등 이른바 유벌儒罰을 단행했다. 이 지역을 대표하는 정인홍의 문도 오여온은 동생 오여벌吳汝橃이 애걸하는 바람에 단지 문만 부수는 것으로 형량이 낮아졌다. 안동에서는 3월 29일에 향회가 개최되어 '적당賊黨'에 가담한 자들에 대한 처벌이 이뤄졌다. 풍기에서는 4월 5일에 향회가 개최되어 서신徐炋, 남자신南自新, 이모李慕 등의 집을 부수고 그들을 마을에서 쫓아냈다.

예안에서는 4월 3일과 6일에 두 차례 향회가 개최되었다. 예안 향회

---

46) 『인조실록』, 인조 원년 3월 14일.
47) 이하 서술은 김령, 『계암일록』, 1623년 3월 19일~4월 21일자 기록에 의거한 것이다. 따라서 구체적인 전거는 생략한다.

를 주도한 이는 전직 승문원 주서注書 김영, 도산서원 원장(전직 군수) 이영도李詠道(이황의 손자), 이유도李有道(이해李瀣의 손자), 봉사 금경琴憬(금난수의 아들) 등이었다. 100여 명이 모인 향회에서 이들은 우선 예안현감 이관李寬과 이덕부李德溥의 난행에 적극 협조한 유향소 임원인 좌수座首 유영문과 별감別監 이홍원을 체직시켰다. 예안현감 중 가장 악랄했던 이는 광해군 11년(1619년) 3월에 부임해 광해군 13년(1621년) 11월에 이임한 이관이었다. 그는 대북 정권의 실세인 호조판서 이영李覮의 친형이자 당시 경상도 관찰사이던 정조鄭造의 인척으로, 물론 왕실과 척리들에게 뇌물을 먹이고 현감 직을 매관한 악질 관료였다.48)

그는 임지에서 초석硝石을 강제 채벌해 화약 수백 근을 만들고, 명목에도 없는 철, 깃털, 근교筋膠 등의 세목을 민호民戶에 부과했으며, 화살을 최대한 많이 만들고자 별조비別措備라는 명칭의 세금을 백성에게 강요했다. 그는 이것으로 (왕실과 척리들에게 바칠) "뇌물의 밑천으로 삼았다." 그는 당상관이 되겠다는 일념으로 "하루도 헛되이 보내는 날이 없이" 강탈에 몰두했다. 그 결과 그는 부임 2년 3개월만인 1621년 6월에 당상관 승진에 필요한 재물을 확보하는 데 성공했다. 이후 그는 당상관을 상징하는 "푸른 말다래[장니障泥]를 만들어 놓고" 승진을 손꼽아 기다렸다. 결국 그는 그해 9월 당상관으로 승진했고 그해 11월에 마침내 이임하게 되었다. 그의 후임으로 1622년 4월에 부임한 이가 이덕부李德溥였다.49)

지방관은 지역민의 협조 없이는 악행을 저지르기가 쉽지 않았다. 그런 이유로 이관, 이덕부 같은 악질 관료들은 지역의 대북 세력을 유향소,

---

48) 광해군 대 가장 악명 높은 대북 관료인 이병과 정조는 모두 인조반정 이후 반정군에 체포되어 참형당했다(『인조실록』, 인조 원년 3월 14일).
49) 김령, 『계암일록』, 1619년 3월 7일; 1621년 9월 2일; 11월 27일; 1622년 5월 4일.

향교 등의 임원에 임명하고, 그들의 조력 아래 욕심을 채워나갔다. 조력자들은 인조반정 이후 남인이 주도한 향회에서 차례로 처단되었다. 오윤, 오여강, 윤동창은 영삭永削 형刑을, 이홍익, 윤동로는 삭적削籍 형刑을, 서긍은 훼가毁家 형刑을 각각 언도받았다. 온계에 있던 서긍의 집을 허물러 간 장정들은 그의 집이 좀체 부서지지 않자 불을 질러 아예 소각해버렸다.

4월 19일에는 현감 이덕부가 면직되었고, 21일에는 신임 현감 김정후金靜厚가 부임했다. 이로써 광해군의 실정 시기에 광해군과 대북 세력에게 협조한 지역 인사들에 대한 처벌이 사실상 완료되었다. 이후 예안 사족 사회는 이전 시기의 주류였던 남인계 관료나 지식인들이 다시 향권을 되찾았다. 그리하여 지역 사회는 남인들의 주도 아래 한동안 평화를 이어나갔다.

5. 나오며

광해군의 치세가 막다른 골목을 향해 치닫던 시기는 광해군 치세 3기(광해군 10년~광해군 15년)였다. 이때는 광해군 10년(1618년)에 인목대비를 서궁에 유폐시킨 조처 이후 잠재적 적대 세력인 남인과 서인을 정계에서 완전히 축출한 시기였다. 이 시기는 정국 운영에 한층 더 큰 자신감을 보인 광해군이 점차 실정을 저지르고, 또 그의 우군인 3대 주축 세력[왕실, 외척, 대북 세력]도 한층 더 기승을 부린 시기이기도 했다. 광해군을 비롯한 정국 주도 세력의 이같은 자신감은 인경궁과 경덕궁 등 두 왕궁 축조 공사의 강행, 조도관의 대대적인 파견, 공공연한 관직과 형량의 매매, 이들을 중심으로 한 사치와 낭비의 만연으로 이어졌다. 이들의 탐욕스럽고 방탕한 생활 속에 피해는 고스란히 농민들 몫이 되었다.

이 무렵 광해군의 관심은 오로지 왕궁 축조와 축재, 향락 그리고 사치에 있었다. 그렇지만 그가 관심을 집중했던 사업들은 어느 것 하나 제대로 된 성과를 거두지 못했다. 3대 세력의 상호 견제와 질시 그리고 경쟁적인 이권 다툼이 정상적인 업무 수행을 방해했기 때문이다. 이로 인해 곧 끝날 것만 같았던 왕궁 공사는 그가 몰락한 광해군 15년 3월까지도 미완으로 남았다. 이렇게 공사가 6년이라는 긴 기간 동안 지연된 주요인은 목재를 비롯한 각종 건축 자재의 부족이었다. 농민들이 운반해 강가에 쌓아둔 목재나 방납업자들이 매집買集한 목재 대부분이 중간에서 빼돌려졌던 탓이다.

중도에 흘러나온 목재는 광해군 조정을 떠받치고 있던 3대 주축 세력 수중으로 넘어갔다. 이런 상황에서 공기가 지연될수록 농민들이 피해를 입은 반면 3대 주축 세력과 이들의 정치경제적 하수인인 방납업자나 사주인들은 엄청난 부를 축적했다. 시간이 자꾸만 지체되는 상황에서 공사 추진을 위한 자금도 점점 달리게 되었다. 자재와 자금 부족이라는 양대 악재가 겹치자 광해군은 동원할 수 있는 온갖 방법을 총동원하기 시작했다. 방납업자들을 통한 목재 및 자재 공급, 징세 담당관인 조도관들의 전국 파견, 공명첩空名帖 발매, 풍흉에 따른 곡가 변동을 이용한 시세 차익 등이 그런 것들이었다. 정상적인 정부라면 금기시해야 할 약탈적 부세 정책이 마구 쏟아지고 있었던 셈이다.

광해군 치세 3기이래 이런 정책들이 2~3년 동안 쏟아져 나오면서 그동안 가까스로 버텨오던 농가 경제가 엄청난 부세 부담과 강제 노역 동원의 압박 속에서 붕괴되기 시작했다. 농민 경제가 총체적인 붕괴 국면에 접어든 시점은 광해군 12년(1620년) 여름을 전후한 시기였다. 피해가 가장 심했던 지역은 목재 공급 업무가 집중되어 농민들이 생업을 전폐하고 강제 노역에 동원되어야만 했던 강원도 산간 지대였다. 경기도의 대표적 사고 지역인 안성군의 유망자가 35.8% 내외였던 데 비해 강원도 관동 지방에 소재한 삼척부의 그것은 70~80%나 될 정도로 이 지역이 입은 사회경제적 피해는 상상을 초월했다. 이렇게 유망자가 급증하고 그들이 경작하던 개간전이 황무지로 변해감에 따라 잔존 농민들은 가중된 부세와 노역 부담을 도저히 이겨낼 수 없는 한계 상황에 이르렀다. 결국 이들은 유망의 길로 나서지 않으면 안 되는 막다른 골목으로 내몰렸다.

광해군의 조정이 종말을 향해 달려가던 상황에서 중앙 정계의 동향은 지역 사회에도 그대로 전달되었다. 중앙 정계에서 대북 세력이 전횡을 일삼은 것과 마찬가지로 지역에서는 친북인계親北人系나 대북 세력이 향권을 장악한 채 각종 악행을 저질렀다. 이런 양상은 유종儒宗 이황의 고향이자 동인-남인의 중심지 중 하나인 경상도 예안에서도 그대로 재연되었다. 지역의 친북 세력들이 향권을 장악하는 과정은 중앙의 대북 세력이 정권을 잡아가는 것과 매우 흡사했다.

광해군 6년(1614년)에 월천 조목의 도산서원 종향 사건을 계기로 향권을 잡는 데 성공한 이들은 광해군 10년 이후 한층 더 강력하게 지역 사회의 주도권을 장악해 들어갔다. 이들은 지역 사족의 양대 구심점인 유향소와 향교를 장악하고, 여세를 몰아 도산서원과 역동서원마저 접수했다. 명실상부한 지역 실세로 떠오른 이들은 지방관이나 조도관의 행정과 징세 업무에 적극 협조하는 한편 이를 자신들을 위한 축재의 기회와 수단으로 적극 활용하기도 했다.

이 무렵 중앙 정계가 막다른 골목으로 치닫는 상황에서 농민 경제가 붕괴했던 것처럼 예안 사회도 탐오한 지방관들의 전횡과 그들의 조력자인 친북인계 인사들의 제휴로 인해 지역 경제는 엄청난 타격을 입었다. 이렇게 불안하고 암울했던 지역의 정치경제 상황은 1623년 3월의 인조반정을 계기로 한순간에 역전되었다. 그동안 대북 세력의 위세에 눌려 숨죽여 지내야 했던 남인계 지식인과 관료들은 반정을 계기로 친북인계 인사들에 대한 징벌 작업에 착수했다. 예안의 대표적 대북 당료인 이강은 고향에서 체포, 서울로 압송되어 정인홍과 함께 처형되었다. 지방관들의 악행에 가담하거나 방관했던 북인계 인사들도 향회에서 훼가출향형을 선고받아 집이 부서지고 고향에서 쫓겨나는 수모를 겪었다.

반정 이후 들어선 인조 정부(1623~1649년)는 1598년의 임진왜란의 종전 직후 선조 정부(1600~1608년)가 야심차게 추진한 바 있던 '여민휴식' 정책을 다시 들고 나왔다. 그런 이유에서 1623년 이후 민간 사회와 민간경제에 대한 국가의 적극적 개입은 크게 줄어들었고, 광해군 치세 15년(1608~1623년) 동안 자행된 온갖 병폐는 대부분 사라졌다. 예안 사회 또한 반정을 계기로 광해군 대의 실정이 가져온 상처를 추스르는 가운데 다시 회복세에 접어들었다. 이런 상황에서 조선의 경제는 다시 회복되었고, 사회가 안정되었으며, 인구가 증가하기 시작했다. 이와 같은 사회경제상은 1660년대까지 지속되면서 17세기 전반과 중반의 장기 호황 국면을 이끌어갔다.

참고문헌

『光海君日記』, 『仁祖實錄』, 『承政院日記』

金玲, 『溪巖日錄』
許穆, 『陟州誌』(1662)

권내현, 「17세기 후반~18세기 전반 조선의 은 유통」, 『역사학보』 221, 2014.
김덕진, 『대기근 조선을 덮다』, 푸른역사, 2008.
김성우, 「17세기의 위기와 숙종대 사회상」, 『역사와 현실』 25, 1997.
———, 『조선중기 국가와 사족』, 역사비평사, 2001.
———, 「임진란과 조선의 경제」, 『임진란 7주갑기념 임진란연구총서』(1), 영남사, 2013.
———, 「전쟁과 번영 - 17세기 조선을 바라보는 또 다른 관점」, 『역사비평』 107, 2014.
———, 「광해군 대 정치 지형의 변동과 경상도 예안禮安 사족士族들의 대응」, 『역사학보』 226, 2015.
김형수, 「17세기 초 月川學團과 禮安 지역 사회의 재건」, 『민족문화연구』 65, 2014.
박현순, 『16~17세기 禮安縣 士族社會 研究』, 서울대학교 박사학위논문, 2006.
오항녕, 『광해군 - 그 위험한 거울』, 너머북스, 2012.
이태진, 「소빙기(1500~1750) 자연재난의 천체현상적 원인 - '조선왕조실록'의 관련 기록 분석」, 『국사관논총』 72, 1996.
———, 『새 한국사: 선사시대에서 조선 후기까지』, 까치, 2012.
이헌창, 「임진란과 국제무역」, 『임진란 7주갑기념 임진란연구총서』(1), 영남사, 2013.
정성일, 「조선과 일본의 銀 유통 교섭(1697~1711년)」, 『한일관계사연구』 42, 2012.
조영헌, 「'17세기 위기론'과 중국의 사회 변화 - 명조 멸망에 대한 지구사적 검토」, 『역사비평』 107, 2014.
한명기, 『광해군 - 탁월한 외교정책을 펼친 군주』, 역사비평사, 2000.

稻葉岩吉, 『光海君時代の滿鮮關係』, 大阪屋號書店, 1933, 아세아문화사 영인, 1981.

Kim, Sung-woo, "War and 'War Effects': Post-War Chosŏn Economy in 17th Century after Imjin War of 1592", Presentation paper for 2014 Asia Pacific Economic and Business History Conference, New Zealand, 2014.
Parker, Geoffrey, *Global Crisis: War, Climate Change and Catastrophe in the Seventeenth Century*, Yale University Press, 2013.

3장

『모당일기』를 중심으로 본 손처눌의 교육 활동

정재훈

03

1. 들어가며

　모당 손처눌(1553~1634년)은 명종~인조 연간에 대구 지역을 거점으로 활동한 대표적인 학자이다. 당대의 정치 현실에 실망한 그는 정계 진출을 포기한 이래 한평생 부모님의 무덤가에 시묘살이를 하면서 효를 몸소 실천했다. 그런 한편으로 구도求道의 일념으로 한평생 학문에만 전념함으로써 영남 일대에서 당대에 이미 명망이 높았다.
　그러나 손처눌은 비단 일평생 학문에만 몰두한 것이 아니었다. 임진왜란과 정묘호란의 국가적 위기를 맞았을 때는 일신의 평안함을 뒤로하고 과감히 서책을 덮고 의병을 일으킴으로써 많은 사람에게 귀감이 되었다. 이 때문에 손처눌 이후 대구 지역에서는 그에게 영향을 받은 인물들이 적지 않게 등장했다. 그리고 그의 교육 활동의 결과 강학에 참여했던 인물은 202명을 헤아리게 되었다.1) 이전까지 비교적 뚜렷한 인물의 활동이 많이 보이지 않던 대구 지역에서 손처눌의 이러한 활동은 크게 두드러진 것이었다.

그의 스승은 퇴계 이황의 제자였던 계동溪東 전경창全慶昌(1532~1585년)과 한강 정구(1543~1620년)였다. 손처눌은 두 사람 문하에 출입해 성리학적 학풍을 계승했으며, 퇴계를 사숙해 퇴계학의 전수에 심혈을 기울였다. 그 결과 정구는 손처눌의 학문과 사람됨에 대해 모당을 한 번 보고 그의 용모와 말의 기운[辭氣]이 크게 남다름을 보고 매우 중시하기도 했다.2)

또한 호수湖叟 정세아鄭世雅(1535~1612년)는 당시 약관의 나이에 지나지 않는 모당을 가리켜 "영남의 인재가 어찌 제한이 있겠냐만, 뒷날에 우리 유림의 영수가 될 사람은 반드시 이 사람이로구나"3)라고 했다. 전경창 역시 "학문은 오묘함을 추구하니 깊기가 바다와 같고, 말은 정미한 데 이르렀으니 세밀하기가 실과 같도나"4)라고 평가했다.

비슷한 연배였던 곽재겸郭再謙(1547~1615년)은 "매번 손처눌과 더불어 서로 마주함에 자연스럽게 알지 못하는 사이에 존경하는 마음이 일어난다"5)고 했고, 서사원徐思遠(1550~1615년)은 함께 『역학계몽易學啓蒙』을 강독하고서는 "『주역』이 이미 우리나라[東國]에 왔도다"6)라며 그의 학문에 감탄하는 등 당시 많은 사람의 기대를 모았음을 짐작케 한다.

이 글에서는 이러한 손처눌의 학문과 그의 위상을 고려해 16세기 후반~17세기 전반의 시기에 지역에서의 사족의 역할에 대해 주목하고자

---

1) 『(국역)영모당통강제자록(永慕堂通講弟子錄)』, 靑湖書院, 2001 간행 참조.
2) 『慕堂集』 권6, 「年譜」, 辛未.
3) 앞의 책, 같은 곳, 壬申.
4) 앞의 책, 같은 곳, 丁丑.
5) 앞의 책, 같은 곳, 戊寅.
6) 앞의 책, 같은 곳, 乙巳.

한다. 즉 이 시기의 시대적 특성과 향촌 사회에서의 사족의 역할이라는 두 가지 점을 염두에 두고 설명하고자 한다. 주지하다시피 16세기 후반은 사족이 향촌 사회에서 일정하게 자리 잡으면서 향촌의 주도 세력으로 성장하던 때이다. 이 시기 사족들은 정치, 경제, 사회 등 여러 측면에서 향촌에서의 일정한 역할을 수행했다. 대구 지역에서의 손처눌의 활동은 이러한 사족의 활동 중 특히 사족이 어떻게 강학을 통해 지역에서 자기 정체성을 확보해 나갔는지를 살펴볼 수 있는 좋은 사례이다. 따라서 손처눌의 강학 활동을 통해 이 시기 사족의 교육 활동, 이를 통한 사족의 '자기 만들기'에 관해 살펴보기로 하자.

2. 생애

손처눌의 가계를 살펴보면 그의 비조鼻祖는 신라인 순응荀凝이며, 고려에서 손씨 성을 하사받았다. 공민왕대에 11대조 홍량洪亮은 좌리공신을 지냈으며, 5대조로 집현전 한림이던 조서肇瑞는 단종에 대한 절의로 이조참판에 추증되기도 했다. 고조인 순무荀茂는 음직으로 주부를 역임했고, 증조인 세경世經은 효행으로 천거되어 참봉으로 제수되었다. 조부인 치운致雲도 효행으로 천거되어 영동永同과 비안 두 고을 현감을 역임했다. 특히 처음 효행으로 침랑寢郎(능참봉)에 제수되었을 당시 권신인 김안로의 전횡을 비판하다가 파직된 사실로 미루어 효행과 더불어 불의에 항거하는 강직한 성격의 소유자였음을 알 수 있다.7)

---

7) 『慕堂集』 권6, 「年譜」: 「行狀」.

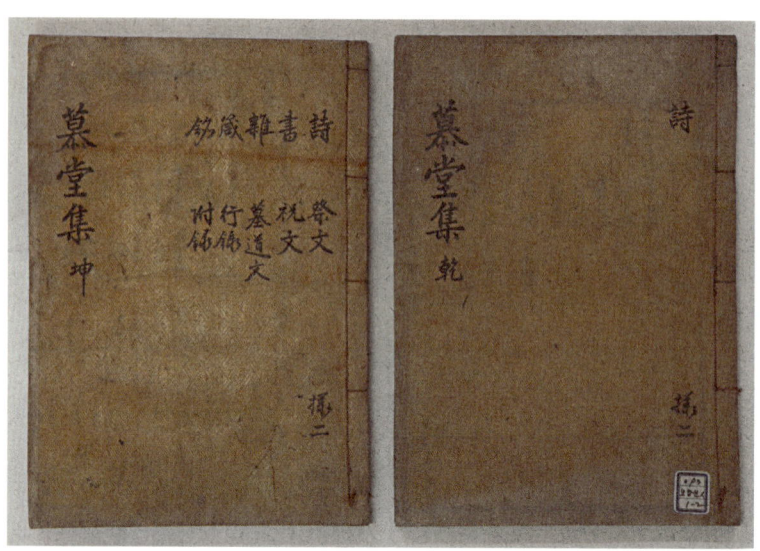
손처눌의 『모당집慕堂先生文集』

　손처눌의 조상은 대대로 안동의 일직현一直縣에서 살다가 7대조인 손관孫寬이 밀양으로 이주했다가 증조부인 세경이 다시 대구의 수성현壽城縣으로 이주했다. 손세경이 달성 사람인 서진원徐震元의 여서女壻였기에 처향을 따라 이주한 것으로 추정된다. 손처눌의 부친은 선무랑宣務郎을 지낸 수遂이고, 모친은 한산 이씨 이탄李坦의 딸로 이색의 후손이다. 이탄은 여헌旅軒 장현광張顯光(1554~1637년)의 5대조인 장우張俁의 외후손外後孫이므로 손처눌은 장현광과도 인척 사이이다. 손처눌의 아우와 종숙 모두 임란과 호란에 의병을 일으켰는데, 이에 그들의 우국충정의 정신을 엿볼 수 있다. 영천에 거주하던 고모부인 호수湖叟 정세아鄭世雅(1535~1612년) 또한 당시 명망 있는 학자였다. 손처눌은 자주 영천에 들려 고모부에게 수학하기도 했다.

　영천에 거주하던 정세아는 이황의 문인으로 당시 명망 있던 학자였다. 그는 임고서원臨皐書院의 창건을 주도했던 정윤량鄭允良(1515~1572년)의 아들로, 임진왜란 때는 영천에서 의병을 일으켜 영천성 수복에 큰 공을 세우기도 했다.

손처눌은 명종 8년(1553년) 6월 25일에 대구부 수성리의 집에서 태어났다.8) 9세에 처음 『소학』을 읽었고, 13세에는 『대학』을 읽었는데, 잘 기억해 수천 언을 외었다고 한다. 14세에 계동溪東 전경창全慶昌(1532~1585년)의 문하에 나가 두각을 나타냈고, 18세 때는 팔공사 파계사에 들어가 전경창을 모시고 독서를 하기도 했다.

17세 때 둔촌遁村 이집李集의 후손인 이원경李遠慶의 딸인 광주 이씨와 혼인했다. 이원경은 석담石潭 이윤우李潤雨(1569~1634)의 종조부였다. 이런 인연으로 이윤우는 어려서 손처눌에게 배웠으며 뒤에는 정구의 문인이 되었다. 손처눌의 후처는 창녕 조씨로 조응의曺應義의 딸이었다.

19세 때는 장인인 이원경의 장례에 나갔다가 평생의 스승인 정구와 대면하게 되었다. 이때 정구는 "독서는 많이 하는 것을 바라기보다는 정밀하고 익숙하기를 바라야 한다. 익숙하지 못한다면 의리를 얻을 수 없고 정밀하지 못하면 이치를 살필 수 없다"고 조언했다. 이후 정구와는 직접 수학하지는 못했던 것으로 보인다. 왜냐하면 당시에는 정구가 관직에 있었기 때문이다. 다시 정구를 본격적으로 만난 것은 손처눌이 50세 되던 1602년이다.

손처눌은 21세에 향해鄕解(향시)에 합격하나 예위禮闈(문과文科 복시覆試)에는 불합격했다. 이를 계기로 당시의 정치와 사회 현실을 비판하고 과거를 포기했다. 손처눌은 33세 되던 해 스승인 전경창의 부고를 접하

---

8) 생애에 관해 특별하게 주를 붙이지 않은 내용은 『慕堂集』 권6 「年譜」에 근거했다.

고, 이어 35세에 부인 이씨의 상을 겪음으로써 개인적으로 매우 힘든 시기를 보내게 되었다. 이후 40세에 임진왜란이 발발, 동생과 함께 창의할 뜻을 천명하고 의병을 일으켰다. 정유재란 때는 부모님의 상을 마치고 45세에 당시 관찰사에게 군무軍務 7조를 올리기도 했다.

이후 임진왜란이 끝난 후에는 다시 학자로 돌아와 47세부터 학문에 정진했다. 48세에는 난중에 치상親喪을 당해 상례를 다하지 못함을 평생의 한으로 여겨 황청동黃靑洞(지금의 수성구 황금동) 묘소 아래에 집을 짓고 편액을 '영모당永慕堂'이라 해 평생 시묘살이를 하며 부모에게 못다한 효를 행하는 동시에 이곳을 중심으로 강학 활동을 통해 후학을 양성했다. 모당이라는 그의 호는 여기에서 유래한 것이다.

이 과정에서 한강 정구와의 사제의 인연이 다시 이어졌다. 정구는 1602년, 손처눌이 50세 되던 때 정월에 충주목사로 부임했다가 휴가를 내서 고향으로 잠시 와 있었는데, 손처눌은 당시 여헌旅軒 장현광 그리고 낙재樂齋 서사원 등과 함께 성주의 한강정사寒岡精舍로 가서 만났던 것이다. 다시 정구와 만난 것은 1604년으로 동강東岡 김우옹金宇顒에게 조문한 뒤였다. 1605년 이후 손처눌은 서사원, 장현광 등과 함께 강회를 자주 열었는데, 여기에 정구가 참여했고, 이후 정구가 노곡蘆谷, 사수동泗水洞으로 옮기면서 더욱 가까운 관계를 이어가게 되었다.

손처눌은 59세 때 정인홍이 차자를 올려 회재, 퇴계의 문묘배향을 저지하자 병중에서 분을 이기지 못해 「부정척사문扶正斥邪文」을 지어 도내 사람들에게 발송, 힘을 규합해 결국 정여창, 조광조, 이언적, 이황 등 오현의 문묘종사에 공을 세웠다. 이때 손처눌은 곽재겸에게 "회재와 퇴계는 우리 유학에 학덕이 출중한 스승인데 이제 심히 무고를 당하니 이는 참으로 우리 선비들이 말해야 할 처지인데 그 지위에 있지 않으므로 논할 수 없다고 말할 수 있겠는가? 다만 근신하는 것으로써 경계를 삼아 앉아서 보기만 해 말이 없은즉 맹자가 말한 '삶을 버리고 의를 취한다'는 것은 과연 어디에 있겠는가?"라고 했다.

68세가 되던 해 한강 정구가 사망했는데, 이때 자신도 병중에 있어 스승의 임종을 지켜보지 못한 것을 한하기도 했다. 그래서 70세 때 한강의 위패를 만들어 연경서원硏經書院의 퇴계 사당에 배향하고, 퇴계에게 고하는 글과 한강의 봉안문을 짓기도 했다. 원래 손처눌이 봉안문을 장현광에게 청했지만 사양했기에 직접 지었던 것이다.

이후 72세에 이괄의 난이 일어났을 때 손처눌은 고을 사람들의 추대로 의병장이 되었다. 그러나 이괄이 항복했다는 소식이 들리자 제자들을 서울로 보내 임금을 위로하는 상소를 올리기도 했다. 75세 때는 정묘호란이 일어나자 의병장에 추대되었다. 77세 때는 임진년과 계사년의 난에 적진에서 어린 누이를 잃고 30년간 생사를 모르다가 천민에게 시집가서 살고 있다는 말을 듣고 직접 찾아가 전택을 모두 팔아 자녀까지 속환해 함께 살았다.

손처눌이 82세에 졸하자 황청동 선영에 장사를 지냈다. 그리고 숙종 20년(1694년)에 청호서원에 위패가 봉안되었다.

이와 같이 살펴볼 때 손처눌에게 스승에 해당하는 이로는 전경창과 정구가 주목된다. 20세 때 배운 임하林下 정사철鄭師哲(1530~1593년)이나 고모부인 정세아에게서도 영향을 받았을 수 있다. 그러나 대체로 초년에는 전경창으로부터, 만년에는 정구로부터 큰 영향을 받았다.[9] 정세아는 퇴계 이황의 문인이며, 정구 역시 이황으로부터 배웠기에 손처눌은 크

---

9) 김형수, 「17세기 초 대구사림의 형성과 분화 – 손처눌의 '모당일기'를 중심으로」, 『역사교육논집』 36, 2006, 295쪽 참조.

게 보아 퇴계의 학문을 계승했다고 보아도 좋다.

정구로부터 영향을 크게 받은 점은 그의 학문적인 붕우를 살펴보아도 드러난다. 손처눌의 대표적인 학문적 붕우로는 장현광, 서사원과 곽재겸郭再謙(1547~1615년), 조정趙靖(1555~1636년) 등이 있었다. 이들은 대체로 장현광을 제외하면 거의 정구의 문인들로 정구의 영향이 가장 컸음을 알 수 있다. 다만 서사원의 경우 한강의 제자이면서도 김우옹, 정구의 학맥을 계승하면서 남명에 기운 점은 다른 점이라고 하겠다.10)

3. 사우師友와의 관계

앞에서 연보를 통해 살펴볼 때 손처눌에게 영향을 미친 중요한 스승은 전경창과 정구였음을 확인했다. 스승과의 관계를 좀 더 자세하게 살펴보자. 전경창은 퇴계 이황의 많은 제자 중 대구에 거주했던 두 명 중의 하나였다.11) 따라서 전경창은 대구 지역의 퇴계의 학문적 영향을 고려할 때 매우 중요한 인물이었다.

전경창은 1555년(명종 10년)에 사마시에 합격해 진사가 되고, 1573년(선조 6년)에 식년문과에 병과로 급제하기도 했지만 관직에 크게 연연하지 않았다. 전경창에 대한 손처눌의 기록에 따르면

[전경창은] 제자들을 일깨워 나아가게 함에, 모두 선善을 행할 것을 원했다.

---

10) 김형수, 앞의 논문 참조.
11) 『도산급문제현록陶山及門諸賢錄』에는 310명의 퇴계 제자가 있는데, 그중 명시적으로 대구에 거주했던 이는 전경창과 채응룡蔡應龍(1530~1574년) 두 사람이 전부였다.

일찍이 낙재 서사원에게 말하길, "우리 유가의 일은 과거에 있는 것이 아니고, 마음을 보존하고 성품을 기르는 데 있다"고 했다. 마침내 『심경』 1부를 주며 말하기를 "그대는 모름지기 이 책을 잘 읽어서 내가 오늘 가르쳐주는 뜻을 저버리지 말라"고 했다. 그 뒤 서사원의 부친이 아우 진사공進士公과 함께 찾아와 말하기를, "우리 집의 기대가 다만 사서원에게 있는데도 지금 고학古學만 오로지 힘쓰고, 시문은 쳐다보기도 싫어하니 매우 염려스럽습니다"라고 했다. 선생이 하늘을 오래토록 바라보다 말하기를, "그대들도 이런 말을 하는가? 선비인 군자로서 마땅히 해야 할 일이 어찌 과거시험에만 그치겠는가?"라고 하니 두 사람은 부끄러워하며 사죄했다.12)

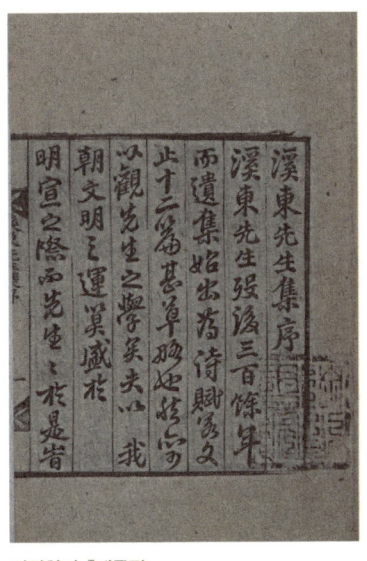

전경창의 『계동집』

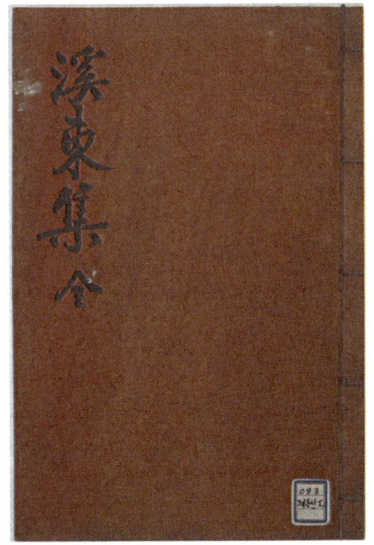

12) 『慕堂集』 권5, 「溪堂先生全公行錄」.

우리는 여기서 전경창이 과거시험 공부보다는 주자의 학문을 더 우선시 했음을 알 수 있다.

관직에 나가는 대신 그는 이황을 존경해 가야산에 들어가 학문을 독실하게 공부했다. 이런 전경창의 태도는 손처눌에게도 어느 정도 영향을 미쳤던 것으로 보이는데, 손처눌은 전경창의 학문하는 태도에 크게 감동했던 것처럼 보인다. 전경창의 공부하는 모습을 자세하게 기록한 다음의 묘사는 이와 같은 사실을 간접적으로 증언하고 있다.

> 평생 '부지런히 삼가 성실함孜孜謹誠實' 네 글자를 신조로 삼아 공부하고 또 '의관衣冠을 엄히 단정하게 하는 것을 바깥을 닦는다고 하고, 의리를 행함을 순결하게 하는 것을 밖을 닦는다고 하는 것이니, 안과 밖이 모두 닦이면 어느 사람인들 귀하게 여기지 않겠는가. 의관이 바르지 않으면 밖으로 게으르다고 하고, 의리를 행함이 순결하지 않으면 안으로 게으르다고 하는 것이니 안과 밖으로 모두 게으르면 어느 사람인들 더럽다고 침 뱉지 않겠는가衣冠嚴整, 謂之外修, 行義純潔, 謂之內修, 內外俱修, 何人不貴, 衣冠不整, 謂之外惰, 行義不潔, 謂之內惰, 內外俱惰, 何人不唾'라는 뜻의 48자를 걸어두고서 항상 스스로 점검해 몸과 마음, 안과 밖으로 불경不敬함이 없었다.13)

이와 같은 사례로 본다면 전경창은 과거에 합격했음에도 불구하고 성리학 본연의 위기지학爲己之學에 특별히 뜻을 두고, 특히 이를 실천하고자 가야산에 들어가서까지 공부했기에 그러한 측면이 제자들에게 큰 영향을 미쳤음을 알 수 있다. 특히 손처눌도 이후의 행로를 보면 전경창과

---

13) 위와 같음.

매우 비슷한 측면이 있다.

　이에 더해 손처눌이 정구와의 만남을 본격적으로 갖게 된 50세 이후에는 그러한 경향이 더욱 두드러지게 되었다. 사실 학자의 나이로 볼 때 50세에는 이미 어느 정도 학문적 축적을 이루어 나름 일가를 이루었다고 볼 수 있다. 따라서 아무리 영향을 끼쳤던 인물이더라도 50세 이후 손처눌에게 많은 영향을 주기는 어려울 수 있다. 그러나 손처눌은 비록 10세 연상이었지만 정구에게 깍듯하게 예를 다하고, 존경심을 감추지 않았다.

　손처눌은 정구에 대해

> 종일토록 술을 마셔도 조금도 시끄럽거나 흐트러지는 모습이 없었으며, 어른이나 젊은이를 만나서도 각기 그에 맞는 도를 다 말하니, 좌우로 묻고 답하는 데 매우 상세하며 남김이 없어 두텁게 확충하고 함양함을 잴 수가 없었다.14)

라고 해 그를 높이 평가했음을 알 수 있다. 그래서 그의 막내아우도 정구에게 보내 특별히 교육을 부탁하기도 했다.15) 정구 역시 손처눌에게 보낸 편지에서 안부를 간절하게 묻는 한편 연경서원을 방문해 강의한 것을 고마워하기도 했다.16) 손처눌 역시 연경서원을 정구가 방문해 『심경』을 가르친 것에 대해 제문에서 감격적으로 묘사하고 있다.17) 여기에서 정구에게 서원의 크고 작은 일, 이를테면 사당의 담장을 개축하는 고유문까

---

14) 『慕堂集』 권6, 「年譜」 53세.
15) 『寒岡集』 別集 권1, 「書」 「答孫幾道 - 處訥」.
16) 『慕堂集』 권9, 「附錄(師友書牘)」.
17) 『慕堂集』 권5, 「祭寒岡先生文 - 定送硏經書院儒生致奠」 "嗚呼, 先生俯仰無愧, 弄丸餘暇, 東遊西汎, 枉屈藍輿, 信宿畫巖, 首發心經, 惟精惟一, 昭晣指掌, 聞者醒服, 如發覆盆, 如掃翳霧. 自玆以後, 院事大小, 作則必稟, 疑則必復. 況逮末年, 又遷考亭, 陋邦接地, 相聞鷄鳴."

지 의논했다고 했다.18) 이런 여러 가지 점을 고려해볼 때 정구는 손처눌의 학문에 깊은 영향을 미쳤을 뿐만 아니라 문인 제자들의 교육에서도 조언을 구하고, 강학을 함께하는 등 매우 깊은 관계를 맺었음을 알 수 있다.

학문을 이루고 제자를 교육하는 것은 손처눌에게 매우 중요한 일이었지만 그러한 과정에 특히 동료들과의 학문적 관계 역시 깊은 영향을 끼쳤다. 손처눌이 대구 지역에서 학문을 새로 일으키고, 교육 활동을 통해 많은 제자를 길러내는 데 뜻을 같이한 동료인 붕우들의 성향은 곧 손처눌에게 깊은 영향을 미칠 수밖에 없었다.

손처눌과 학문적 붕우로 교유한 사람으로는 서사원(1550~1615년), 장현광(1554년~1637년), 김성일(1538~1593년), 곽재겸(1547~1615년), 조정(1555~1636년), 정경세(1563~1633년), 손린孫遴(1566~1628년), 이윤우李潤雨(1569~1634년) 등이 있었다. 그중 특히 서사원과 장현광과는 남다른 관계를 맺었는데, 손처눌에게 많은 영향을 준 점에서 두 사람을 특별하게 살펴볼 필요가 있다.

서사원은 손처눌보다 3년 먼저 태어나 평생을 같은 지역에서 교유한 인물이다. 서사원은 손처눌과 비슷하게 향시에 합격했으나 과거를 포기하고 학문에 집중했다. 정구를 통해 이황의 학문을 접한 서사원은 이후 퇴계의 학문을 모범으로 삼아 공부하는 것을 목표로 삼았다. 이런 성향을 반영해서인지 실록의 평에서는 서사원에 대해 "고요하게 마음을 들여다보며, 명예를 구하지 않았다"19)라거나 "경훈經訓 읽기를 좋아하고 명성과 이익을 싫어했다"20)라고 기록할 정도였다.

---

18) 『慕堂集』 권9, 「附錄(師友書牘)」에는 정구에게서 온 모두 19편의 편지가 수록되어 있다.
19) 『宣祖實錄』, 권146, 선조 35년, 2월 2일(을축).
20) 위의 책, 권 210, 선조 40년, 4월 2일(갑오).

낙재 서사원을 배향한 이강서원(伊江書院). 대구광역시 달성군에 위치한다

서사원이 살던 이천(伊川)은 대구의 금호강가에 있었는데, 근처에 정구가 살고 있었으며, 장현광이 거처하던 일선一善(선산)과도 멀지 않아 이들과 학문적 교유를 긴밀하게 할 수 있었다. 더욱이 서사원은 정사(精舍)의 학규(學規)를 지어 제자를 길렀으며, 청안현감(清安縣監)을 잠시 거친 이후에도 그러한 활동을 멈추지 않았다.21) 따라서 이들과 역시 긴밀하게 교유했던 손처눌 역시 이들과의 교유 속에서 함께 긴밀한 관계를 유지했다.

그러나 서사원과 손처눌은 동일한 지향만 가졌던 것은 아니다. 대구 지역에서 사족이 사림으로 본격 형성된 계기는 임진왜란 이후 정구가 대구의 노곡(蘆谷)으로 이거해 오면서부터였다. 서사원과 손처눌은 여기에 결정적으로 기여하는데, 문제는 정구가 조식 문하의 정인홍과 갈등이 완전하게 해결되지 않았고, 그러한 갈등은 서사원과 손처눌에게서도 반복되어 나타났던 것이다. 서사원은 대북 정권에 의해 남명 종사운동이 일어나자 거기에 적극 참여한 반면 손처눌은 정구의 입장을 계승해 이에 비판적이었다. 손처눌과 서사원은 모두 정구의 제자였지만 크게 보아 따르는 사람이 이황과 조식으로 학문적 계통을 달리했던 것이다.22)

21) 『國朝人物考』 권10 儒學, 徐思遠 墓碣銘(李敏求 撰).

손처눌과 서사원의 관계는 편지를 주고받은 것에서도 알 수 있는데, 『모당집』에 수록된 편지 중 스승인 정구(19편)를 제외하면 가장 많은 12편의 편지가 서사원에게 온 것에서도 이를 알 수 있다. 퇴계 선생의 문집 간행에 필요한 종이를 구하는 문제, 선비들에게 강론하는 문제 등을 논의하는 데서 손처눌과 서사원의 긴밀한 교유를 확인할 수 있다.23)

장현광과의 교유도 주목된다. 장현광은 주지하다시피 정구의 조카사위였으므로 손처눌은 정구 문하에서 1살 아래의 장현광과 문인으로 만난 것으로 보인다. 장현광에게서 받은 편지 내용을 보면 손처눌과 장현광은 비록 자주 만나지는 못하고 떨어져 있었지만 서로를 매우 그리워하며 안부를 궁금해 했음을 알 수 있다. 또 동문 사우 간에 연경서원의 고유문을 짓는 일이나 서원에 배향하는 일을 의논하는 등 서로 긴밀하게 교유했음을 알 수 있다.24) 손처눌은 장현광에 대해 그의 자字인 德덕晦회처럼 세상에서 이름을 감추고 덕을 숨겨 몸을 보존했음을 높이 평가했다.25) 장현광 역시 손처눌의 학식과 인품을 높이 평가해 사위인 박홍경朴弘慶을 보내 교육을 받도록 하기도 했다.26)

곽재겸은 임진왜란 때 의병 활동을 펼쳐 유명했는데, 장현광이나 서사원 등과도 친교가 두터웠으므로 손처눌과도 밀접하게 교유했다. 임진왜란 때는 초유사 김성일을 도와 모병, 모량募糧 등에 구체적인 방안을 제시하기도 했고, 서사원과 협력해 의병 활동을 폈으며, 정유재란 때는 창

---

22) 김형수, 「17세기 초 대구사림의 형성과 분화 – 손처눌의 '모당일기'를 중심으로」, 『역사교육논집』 36, 2006 참조.
23) 『慕堂集』 권9, 「附錄(師友書牘)」.
24) 위와 같음.
25) 『慕堂集』 권6, 「年譜」 58세.
26) 위와 같은 곳, 64세.

녕의 화왕산성火旺山城전투에 참전해 공을 세우기도 했다. 손처눌은 그를 위해 제문이나 만사輓詞, 묘지명을 지을 정도로 친밀했다.

임진왜란 때 의병을 일으켜 활발하게 활동한 조정의 경우에도 곽재겸과 마찬가지로 깊은 교분을 나눈 것이 편지에 표현되어 있다. 세 편의 편지에는 조정이 각별하게 손처눌을 배려했음을 알 수 있는 내용이 있는 등 서로 긴밀하게 우정을 나누었음을 알 수 있다.27)

손처눌과 친인척 관계에 있던 이로서는 손린과 이윤우 등을 들 수 있다. 손린은 종숙從叔이었고, 이윤우는 처종질 관계였다. 손린은 매우 어려서부터 손처눌을 따라 배워 비록 숙질 관계였음에도 불구하고 사제의 의리가 있을 정도였다.28) 그래서 손린의 두 아들까지도 그의 문하에 나가 배우기까지 했다. 이윤우의 경우는 처종질로 그 역시 어릴 적부터 손처눌에게 배웠으며, 나중에는 정구의 문인이 되었다.

이외에도 손처눌과 교유했던 인물로는 김성일과 정경세를 들 수 있다. 이들은 공적 관계로 만난 인물들로 김성일은 의병 활동으로, 정경세는 수령으로 만났다. 임진왜란 초기에 김성일이 좌감사였을 때 손처눌은 의병장으로서 만났던 것이다. 이때 김성일과 여러 가지를 긴밀하게 의논하려고 했다.29) 정경세는 여러 차례 손처눌을 방문해 강론을 하기도 할 정도였다.

---

27) 『慕堂集』 권9, 「附錄(師友書牘)」.
28) 『慕堂集』 권6, 「年譜」 48세.
29) 『慕堂集』 권6, 「年譜」 40세.

4. 교육 형태

앞에서 살펴본 대로 손처눌의 생애에서 중요한 것은 교육 활동이었다. 임진왜란이 끝난 뒤 그의 나이 48세 때 영모당을 낙성한 후 그곳을 중심으로 본격적으로 강학 활동을 시작해 일생을 마칠 때까지 약 35년간 후학을 양성했는데, 그것이 손처눌의 일생에서 가장 힘쓴 영역이었다.

그는 제자가 상당히 많았는데, 『영모당통강제자록永慕堂通講諸子錄』에 실린 제자는 모두 202명이었다.30) 이들의 거주지를 살펴보면 대구 75명, 영천 14명, 칠곡 8명, 경산 5명, 청도 4명, 하양 3명, 현풍 3명, 고령 2명, 경주 2명, 인동 1명, 의성 1명, 안동 1명 등이고 미상이 83명이다. 대구, 영천, 경산, 칠곡 등 대구 주변의 지역이 다수를 차지하지만 소수의 제자는 의성과 안동에서도 찾아올 정도로 경북 일원에 그의 학문적 명성이 높았음을 알 수 있다. 또한 그의 제자 중 과거 합격자 수는 모두 35명으로 적지 않았다. 이 가운데는 문과 합격자도 16명이었고, 무과 합격자도 2명이 포함되었다.

손처눌 문하에서 많은 사람이 강학을 하게 되면서 더욱 유명해지니 자연스럽게 소문을 듣고 찾아오는 사람도 적지 않게 되었다. 이광정李光靖(1768~1849년)은 『모당집』 서문에서 "모당이 나이가 많고 덕이 높아서 가르치는 데 특별한 방법이 있으니 그러한 소문을 듣고 책 보따리를 지고 배우려는 사람이 줄을 이었다"31)라고 해 그의 영향력을 증언하고 있다.

손처눌이 교육한 것에 대해서는 이희발李羲發(1768~1849년)이 쓴 「행장」에도 잘 드러나 있다.

---

30) 『(국역)영모당통강제자록(永慕堂通講諸子錄)』, 靑湖書院, 2001 참조.
31) 『慕堂集』, 「序」(李光靖), "其年高德邵, 敎養有方, 則聞風負笈之士, 踵相尋也."

매월 초하루와 보름에 여러 생도들과 때로는 연경서원이나 선사재仙査齋에 모이기도 하고, 어떤 때는 분암墳庵과 동학암動鶴庵에 모여서 경전의 뜻을 강론했다. 학령學令 20개 조항을 만들어서 좌우에 걸어두었다. 매일 아침 모당이 의관을 반드시 정제하고 강당에 나아가면 여러 생도들도 들어와서 절을 하고, 생도들 사이에서도 서로 읍하는 예를 행했다. 이후 정자程子의 '사물잠四勿箴'과 주자의 '경재잠敬齋箴'을 강하고 나서 물러났다. 초저녁에도 이같이 했다.32)

손처눌 자신도 강학의 필요성을 잘 알고 이를 실천하고자 했다. 이를 위해 1596~1602년까지 7년 동안 향교의 문학관文學官을 역임하며 학문을 일으키는 데 기여했다. 또 1602년에 문학관과 아울러 무학관武學官을 겸직했으면 좋겠다는 요청이 있자 당시 관찰사 이시발에게 아래의 글을 올렸다.

제가 듣건대, 『대학』에서 말하기를, "사물에는 근본과 끝이 있고 일에는 마침과 시작이 있으니, 먼저 하고 뒤에 할 바를 알면 도에 가까우리라"했으니, 위대하도다! 그 말이여. 지극하도다! 그 말이여. 이 설을 알고 이 뜻을 행하면 치국과 평천하에 무슨 어려움이 있겠습니까? 그런즉 오늘날 이른바 근본과 시작이라는 것이 무엇이겠습니까? 저는 실로 광망狂妄해 잘 모르나 어리석은 소견으로는 학교를 일으키는 일이 근본이며 시작의 제일의第一義라 생각합니다. 진실로 학교를 일으켜 안으로 닦는 근본으로 삼지 않으면, 이것은 이른바 가르치지 않은 백성이 되니, 이런 백성이 어찌 능히 윗사람을 친애하고 어른

---

32) 『慕堂集』 권7, 「行狀」(李義發).

을 위해 죽는 의리를 알아 밖으로 적을 물리치는 도리를 다할 수 있겠습니까? 문교를 숭상하는 마음은 하루도 잊어서는 안 되며 무예를 익히는 뜻도 하루도 느슨해서는 안 되니, 그렇게 하고서야 오늘날의 급무를 함께 이야기할 수 있습니다. 가만히 듣건대, 순상巡相 합하께서는 부임하신 이래 거의 2년을 문서 처리하는 여가에 여러 생도들을 불러서 당堂 아래에 세우고 몇 권의 책, 무슨 경經을 강론하셨습니까? 재사에는 먼지가 일어나고 뜰에는 풀이 무성하니, 진실로 학식이 있는 자들이 한심하게 여기는 일입니다.

다시 원하옵건대 합하께서는 우선 일을 제쳐두고서라도 먼저 학교를 일으켜 그 장로를 세우고, 그 학업의 과정을 정해, 시서예악詩書禮樂의 의론을 힘써 강론하고 효제충신孝悌忠信의 실질을 돈독하게 행해, 모든 사람이 부모는 부모답게, 자식은 자식답게, 임금은 임금답게, 신하는 신하답게, 남편은 남편답게, 아내는 아내답게 하는 의리를 알게 한다면, 뜻밖에 위급한 일이 있더라도 어찌 그 윗사람과 어른을 질시하는 백성이 있겠습니까? 모두 위급한 사정에 급히 달려가 적을 막는 사람일 될 것이니 공자가 말한 '근본이 서면 도가 생긴다'란 말을, 여기에서 신명과 같이 믿기 때문에 순상을 위해 그 어리석은 견해를 다 말씀드린 것입니다.33)

학교를 통해 백성들을 강학하고, 그래서 백성들을 깨우쳐 의리를 알게 함으로써 사회의 기강을 세우고, 나아가 국가를 지키는 역량을 키울 수 있다는 내용이었다. 교육의 가치와 효용을 강조한 것으로서 사족으로서 교화敎化의 입장에서 향교 교육에 임하고 있음을 잘 드러내고 있다. 원래 이 글을 쓰게 된 계기는 당시 변경에서 소요가 그치지 않자 체찰사가

---

33) 『慕堂集』 권4, 「與李巡相時發書」(李時發).

각 도에 무학청武學廳을 설치하고 문무에 재주가 있는 인물을 무학장武學長으로 삼으려고 하면서 손처눌을 추천하려고 했기에 이에 사직하면서 올린 글이다. 여기서 손처눌은 새로운 교육 기관을 만드는 것이 우선이 아니라 임진왜란 뒤에 무너진 공교육 체계를 복구하는 것을 우선해 기본적인 성리학 교육을 시키는 것이 필요하다는 점을 역설하고 있다.

손처눌은 이외에도 여러 통로를 통해 강학의 중요성을 강조했다. 손처눌은 서사원이 1615년에 작고한 뒤 강학 장소를 황청동으로 옮기면서 지역의 선비들에게 「통독회문通讀回文」을 보내는데, 여기에서

> 선비가 이 세상에 태어날 때 하늘에게 부여받은 것이 중차대하다. 그러나 태어나면서 훌륭한 자질을 가진 자가 아니면 진실로 세속에서 스스로 빠져 나오기가 어렵고, 그럭저럭 구차하게 시간만 보내면서 세월과 함께 나이가 들어 끝내는 시들어버리는 자가 많다. 그러므로 반드시 사우師友의 지도와 경계가 있은 후에야 성취함이 있게 된다. 한 강당에 합석해 경전의 뜻을 강론해 밝히는 것 또한 어찌 서로 면려하고 점차 연마하는 하나의 단서가 되지 않겠는가?
> 이에 근래의 연경研經, 선사仙査의 규약規約을 계승해 오늘 통독通讀하는 모임을 복구하고자 하니, 우리 동지인 여러 군자들은 『소학』과 사서 등의 책 중 각자 읽을 것을 갖고 이번 보름 하루 전에 모두 황청동의 서숙書塾에 모여 다시 규약을 정하고, 이어 읽은 것을 강론하면 매우 다행이겠다.34)

---

34) 『(국역)영모당통강제자록(永慕堂通講弟子錄)』, 「通讀回文」.

라고 해서 모여서 공부해야 하는 분명한 이유를 밝히고 있다. 이렇게 모여서 공부하는 것이 중요하다는 인식은 당시 사림이 향교만이 아니라 서원을 세워 새로운 강학을 시도하려는 분위기와 관련되어 있었다. 향교에서의 교육은 대체로 기초적인 성리학 교육에 그치는 경우가 많았다. 그에 비해 16세기에 들어 사림은 자신을 위한 학문, 즉 위기지학爲己之學을 중시했는데, 이런 식으로 성리학 본연의 학문적 입장으로 돌아가 문제의 근원을 자신에게서 찾기 시작한 것이었다. 향교 교육이 공적 교육에 치우쳐 진정 의미 있는 공부를 하지 못하는 데 비해 서원이나 서재, 서숙에서는 스승이나 동료들과 진정한 의미의 강학이 가능하다는 것이었다.

『모당일기』에도 "'단丹'을 포함한 것은, 붉어지는 것이 필연적인 이치이다. 두 사람이 유독 거처하면서도 점차로 훈도薰陶해 변화시키지 못하는 것은 무엇 때문인가? 사람이 물건보다 못한 것이니 애석하구나!"35) 라고 해 함께 공부하더라도 서로 영향을 미치지 못하는 것을 비판하기도 했다. 이는 자신의 공부를 확실하게 하고 나아가 주변에 있는 붕우들까지 변화시키는 공부의 중요성을 강조한 것이었다.

1613년에 연경서원에서 있었던 강학의 한 사례는 손처눌이 강학에 대해 어떤 입장을 취하고 있었는지를 잘 보여준다.36) 그해 연경서원에서 손처눌은 산장山長이 되어 여러 문생들과 한참 강학을 하고 있었다. 그런데 순사巡使가 혼자 말을 타고 오고 성주城主 역시 오게 되었는데, 잡담을 하다가 정치에 관한 일까지 언급하게 되었다. 다른 사람이 가만히 있

---

35) 『慕堂日記』上, 89쪽. "丹之所藏者, 赤必然之理也. 兩人獨同處, 而不能漸染薰陶者何也. 人不如物, 惜哉."
36) 『慕堂日記』上, 485쪽. "到院, 行甫昨暮已來矣. 早朝巡使單騎馳來, 城主亦來, 雜談及政事. 靜應聲進言, 今日來此, 儒家當與諸生講明小學家禮可也. 余亦曰, 前日宋方伯 雖嚴約小學, 而無一人之講, 徒言不足以行. 巡使曰 兩說當是, 講諸儒後, 巡使夕冒雨邊營."

다가 오늘 여기 온 것은 여러 문생들과 『소학』과 『주자가례』를 공부하러 온 것이 맞다고 했다. 이에 손처눌은 비록 『소학』을 엄격하게 지키려고 하지만 한 사람도 제대로 강론하지 않으니 한갓 말만 하고 실천이 없다고 했다. 이에 순사는 두 사람 말이 맞다고 할 수밖에 없었다.

이렇게 모여서 강학한 곳으로는 선사재仙查齋나 연경서원이 대표적이었다. 『영모당통강제자록』에는 강학하는 모습을 다음과 같이 전하고 있다.

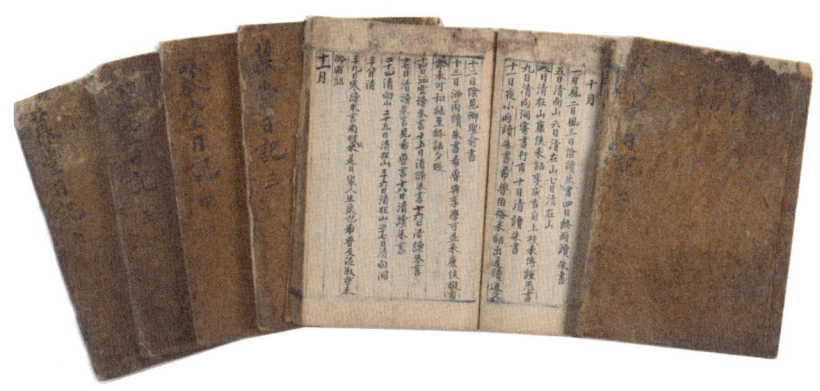

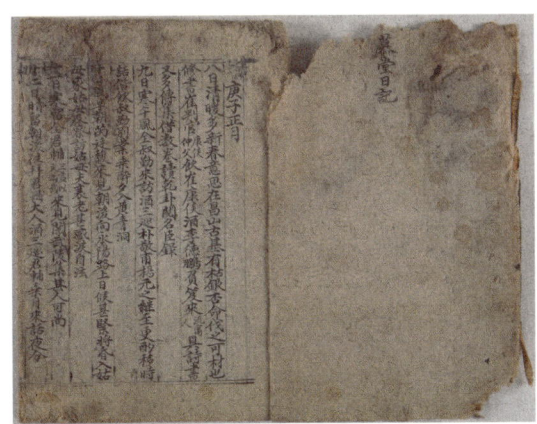

손처눌의 『모당일기』

매월 초하루에 혹 연경서원에 모이기도 하고 혹 선사재에 모이기도 한다. 성현의 잠계를 강당 벽에 걸고 북쪽 벽 아래에 스승의 자리를 마련한다. 모당이 낙재樂齋와 나란히 앉으면 생도들은 앞으로 나와 배례를 행하고, 이어서 삼면으로 나누어 서서 서로 향해 읍례를 행하고 자리를 정하고 앉는다. 유사有司가 큰 소리로「백록동규白鹿洞規」와「학교규범學校規範」을 한번 읽는다. 직월直月이 생도들의 선악을 적은 장부를 바치면 선자는 장려하고 악자는 경계하고 가르친다. 그 후에 생도들은 각기 읽은 책으로 진강進講하는데, 반드시 단정하게 손을 맞잡고 곧게 앉을 것이며, 서로 돌아보며 이야기할 수 없다. 성현의 글과 사학史學이 아니면 강을 허락하지 않는다. 혹 연고가 있어 참석하지 못하게 되면 사유를 써서 유사에게 보고해 스승이 알게 한다.37)

선사재는 개인의 서재가 아니고 연경서원처럼 여러 사람이 공동으로 사용하는 교육 기관에 가까웠다. 선사재는 하빈현河濱縣의 동쪽 금호강가에 나지막이 있던 마천산馬川山 자락에 있었다. 이곳은 원래 선사암仙査巖의 유허로 최치원이 놀던 곳이었고, 난가대爛柯臺, 세연지洗硯池 등이 있었다고 한다. 이곳에 정사철의 주도로 1587년에 선사암 자리에 서재를 지어 선사서사仙査書社를 결성해 다음 해부터 본격적인 강학을 했다. 따라서 이 지역에서 정사철은 임진왜란 이전에 강학을 주도했던 것으로 보인다.38)

---

37)『(국역)영모당통강제자록(永慕堂通講弟子錄)』,「乙巳規約」
38) 정사철은 하빈현 남쪽 연화동 근처에 연화재蓮花齋, 임하당林下堂, 금암초당琴巖草堂(아금정牙琴亭) 등을 지어 학문을 닦는 곳으로 삼았다. 선사서사를 만든 이후에 이곳에 곽재겸, 손처눌, 서사원 등이 출입했던 것이다. 이에 대해서는 李相弼,「壬亂前後 大邱儒林에서의 慕堂 孫處訥의 역할」,『慕堂 孫處訥先生의 生涯와 學問』, 青湖書院, 2003, 16～17쪽.

이후 선사서사는 임진왜란 때 소실되었다. 선사서재를 복원, 중건한 사람은 서사원이었다.39) 정사철이 임진왜란 때 병으로 인해 거창으로 피난갔다가 그곳에서 세상을 떠났기 때문이다. 이후 서사원은 선사재를 많은 이용했는데, 이곳에서의 강학에는 손처눌도 적극 참여했다.

1601년부터 1614년 4월까지 선사재에서 강학한 날이 확인되는데, 예를 들어 1605년 3월에 70여 명이 모인 중 정구를 모시고 강학했다. 또 1613년 8월에 대구부사가 참석한 중 강학을 하기도 했는데, 여기에 손처눌은 제자인 정호인鄭好仁과 김선경金善慶을 대동하고 참석하기도 했다. 대구부사는 손처눌보다 늦게 도착해 강학하는 모습을 종일토록 지켜보기도 했다.40)

그런데 위의 기록을 보면 강학하는 데는 규정이 있었음 알 수 있다. 초기의 강학 규정은 손처눌이 혼자 만든 것은 아니고 서사원과 함께 강학을 하며 그의 영향도 적지 않게 받았다.

공이公이 항상 교화가 밝지 못함이 곧 강학講學이 정미롭게 이루어지지 못하기 때문이라고 한탄하면서 강학을 진작시킬 방법을 생각했다. 을사년(1605) 겨울에 고을의 벗과 강학회의 규약을 의논했는데, 그 중 절목節目과 과정課程은 모두 한강 정선생에게 여쭈었다. 강론한 책은 『주자서朱子書』, 『퇴계집退溪集』, 『심경心經』, 『근사록近思錄』, 『소학小學』 등이었고 경전 같은 경우는 자원하는 사람에 따라 일과를 정하고 조약을 엄하게 해서 가르쳤다. 공이 제자들을 인

---

39) 서사원이 선사재를 복구한 것은 1601년으로서 정당正堂은 완락당玩樂堂, 동재와 서재는 경재敬齋와 의재義齋라고 했고, 세연지, 무릉교武陵橋도 만들었으며 난가대와 연어대鳶魚臺도 다시 만들었다.
40) 『慕堂日記』上, 487쪽.

도하고 가르쳐 성취시키고자 하는 아름다운 뜻이 지극했으나 결말을 이루지 못했으니, 식견 있는 자들이 지금까지 그것을 애통해하며 한탄하고 있다.41)

손처눌이 서사원에 관해 적은 위의 기록을 살펴보면 서사원과 긴밀하게 의논하며 스승인 정구의 의견까지 구해 강학 규정을 마련한 것을 알 수 있다. 실제로 서사원은 「선사정사학규仙査精舍學規」를 지었는데, 이것은 율곡 이이의 「은병정사학규隱屛精舍學規」와 유사했으며, 손처눌도 여기에서 영향을 받아 「을사규약」을 만들기도 했다.42)

이러한 강학 규정을 만들게 된 것은 손처눌이 1600년 2월에 서사원, 곽재겸 등과 함께 향교에 모여 「학교모범學校模範」을 강학한 것이 계기가 되었을 것으로 추정된다. 주지하다시피 「학교모범」은 이이가 지어 당시 국왕인 선조宣祖에게 올린 글이었다. 이이가 경연에서 선비의 풍습이 가볍고 구차하며, 스승의 도리도 끊어진 것에 대해 언급하자 선조가 이에 대한 규범을 사목事目으로 지어 올리라고 해서 만들어진 것이다.

서사원의 문집인『낙재집』에는 「학교모범」, 「선사정사학규」, 「정사약속精舍約束」, 「시정사학도示精舍學徒」가 실려 있다. 이중 「학교모범」과 「시정사학도」는 이이가 지은『율곡전서』의 「학교모범」, 「시정사학도」를 그대로 인용한 것이고, 「선사정사학규」, 「정사약속」 역시 「은병정사학규」와 「은병정사약속」에서 정사 이름만 바꾼 것이다.

「선사정사학규」의 주요한 내용을 살펴보면 아래와 같다.43)

---

41) 『慕堂集』 권5, 「樂齋徐公行錄」.
42) 이에 관해서는 이미 선행 연구에서 지적이 있었다. 宋熹準, 「慕堂 孫處訥의 講學活動에 대한 연구」, 『慕堂 孫處訥先生의 生涯와 學問』(靑湖書院 간행), 2003, 94~95쪽 참조.

一. 선사재에 입학할 수 있는 규칙은 사족과 서류庶類를 막론하고 학문에 뜻이 있는 사람은 모두 입학할 수 있다. 먼저 입학한 사람들이 의논해 허락한 후에

43) 『樂齋集』 권6, 「雜著」 「仙査精舍學規」. "一. 入齋之規. 勿論士族庶類. 但有志於學者. 皆可許入. 齋中先入者. 僉議以爲可入. 然後乃許入. 若前日悖戾之人. 願入則使之先自改過修飭. 熟觀所爲. 決知改行. 然後許入. (公糧之用依硏經)
一. 推鄕中年長有學行德義者一人爲山長. 又擇一人爲有司. 又輪選一人爲直月. 山長有司. 非有故則不遞. 直月則一月相遞. 凡齋中論議. 山長主之. 凡百必稟而定之. (山長有故在他處則其時參會㝡長者主之) 凡齋中之物出納. 及供僧齋直使喚及什物有無. 有司掌之. (非有司則不得擅自使喚檢罰之事) 凡物皆有籍. 遞時按籍交付于代者. 凡山長朋友所講論之說. 皆直月掌其記錄. 以爲後考之資.
一. 書不得出. 色不得入. 酒不得釀. 刑不得用. 書出易失. 色入易汚. 釀非學舍事. 刑非儒冠宜. 有司論罰下人者非.
一. 凡入齋者必以冠服從事. 勿用燕服笠子.
一. 每日五更起寢. 整疊寢具. 少者持箒掃室中. 使齋直掃庭. 皆盥櫛正衣冠讀書.
一. 山長在講堂. 則就前行拜禮. 只於座上. 俯答其禮. 分立東西. 相向行揖禮. 凡讀書時. 必端拱危坐. 專心致志. 務窮義趣. 毋得相顧談話.
一. 凡几案書冊筆硯之具. 皆整置其所. 毋或亂置不整.
一. 凡食時長幼齊坐. 於飮食不得揀擇. 常以食無求飽爲心.
一. 凡居處必以便好之地. 推讓長者. 毋或自擇其便. 年十歲以長者出入時. 少者必起.
一. 凡步履必安詳. 徐行後長. 秩然有序. 毋或亂步不整.
一. 凡言語必信重. 非文學禮法則不言. 以夫子不語怪力亂神爲法. 且以范氏七戒. 存心寓目. 七戒書于壁.
一. 非聖賢之書性理之說. 則不讀于齋中. 史學則許讀.
一. 常時恒整衣服冠帶. 拱手危坐. 如對尊丈. 毋得褻服自便. 且不得以華美近奢之服.
一. 食後或遊泳于鳶魚壺爛柯壺上. 亦皆觀物窮理. 相咨講義理. 毋得遊戲雜談.
一. 朋友務相和敬. 相規以失. 相責以善. 毋得挾貴挾賢挾富挾父兄挾多聞見. 以驕于儕輩. 且不得譏侮儕輩以相戱謔.
一. 作字必諧正. 毋得亂書. 且不書于壁上窓戶.
一. 常以九容持身. 毋得跛倚失儀. 喧笑失言. 終始不懈.
一. 昏後明燈讀書. 夜久乃寢.
一. 自晨起至夜寢. 一日之間. 必有所事. 心不暫怠. 或讀書. 或靜坐存心. 或講論義理. 或請業請益. 無非學問之事. 有違於此. 卽非學者.
一. 有時歸家. 切宜勿忘齋中之習. 事親接人持身處事存心. 務循天理. 務去人欲. 如或入齋修飭. 出齋放倒. 則是二心也. 不可容接.
一. 直月掌記善惡之籍. 審察諸生居齋處家所爲之事. 如有言行合理者及違學規者皆記之. 月朔呈于山長. 善者奬勸之. 惡者鐫誨之. 終不受敎則黜齋.
一. 諸生雖非聚會之時. 每月須一會于精舍. 月朔必會. 朔日有故則退定不出三四日. 有司先期出回文周告. 講論義理. 改定直月.

들어올 수 있다. 만약 그 전에 패려悖戾했던 사람이 입학하기를 원하면, 먼저 그 사람에게 스스로 잘못을 고치고 수양하게 만든 다음 그 사실을 잘 관찰해 행동을 고친 것을 안 다음에 입학을 허락한다.

— 고을 사람 중에 나이가 많고 학행과 덕의를 갖춘 한 분을 추대해 산장山長으로 삼는다. 또 한 사람을 뽑아 유사有司로 삼고, 또 돌아가면서 한 사람을 뽑아서 직월直月로 삼는다. 산장과 유사는 뚜렷한 이유가 없이는 교체하지 않고, 직월은 한 달마다 교체한다. 선사재의 모든 의논은 산장이 주관하고, 모든 일은 반드시 산장에게 물어서 정한다.

— 산장이 강당에 들어오면 제생들은 앞으로 나아가 배례하고, 이에 산장은 자리에서 답례한다. 그리고 제생들은 동서로 나누어 선 뒤 서로 향해 읍을 한다. 무릇 책을 읽을 때는 반드시 단정하게 팔짱을 끼고 정좌하며, 마음과 뜻을 다해 글의 뜻을 힘써 궁리해야 하며, 서로 돌아보면서 이야기해서는 안 된다.

— 식후에 혹 연어대鳶魚臺와 난가대爛柯臺에 노닐되, 모두 사물을 보고 궁리해 서로 의리를 묻고 강구해야 하며, 유희하며 잡담해서는 안 된다.

— 직월은 선악을 기록하는 문서를 관장하는데, 제생들이 서재 또는 집에서 하는 행위를 상세히 관찰해 언행이 이치에 합당한 것이나 또는 학규를 위반한 것 같은 모든 것을 기록한다.

기록한 것을 매달 초하루에 산장에게 드리면, 산장이 선한 사람은 장려하고 악한 사람은 꾸지람을 하며, 가르쳐도 수용하지 않으면 내쫓는다.

— 성현의 글이나 성리의 설이 아니면 재실에서 읽지 못한다. 역사책의 경우는 허락한다.

— 여러 생도들은 비록 정기적으로 모이는 때가 아니라 하더라도 한 달에 한번은 정사에 모인다. 대체로 매월 초하루에 모이는데, 초하루 날 이유가 있으면 늦추어 정하되 3~4일을 지나지 않게 한다. 모여서는 의리를 강론하고

직월을 바꾸어 뽑는다.

이러한 학규는 사림들이 향촌의 현장에서 강학 활동을 통해 어떻게 변화를 이끌어 내려고 했는지를 잘 보여준다. 이이의 학규를 그대로 가져 왔더라도 이는 당시 사족들이 그만큼 공동의 문제의식과 해결 방법에 동의하고 있었음을 보여준다. 사족과 서인庶人을 막론하고 학문에 뜻이 있는 사람 모두에게 문호를 개방한 점은 조선 초에 향교의 교육이 양인 모두에게 개방된 것과 동일하며, 정형화된 향교 교육을 넘어 사학私學에서 이를 감당하게 된 것을 보여준다.

또한 산장이 강학 활동과 선악의 활동에서 기준이 된다는 점에서 산장의 역할이 매우 중요했음을 짐작할 수 있다. 바로 이러한 산장에는 당시 향촌에서 가장 존경받던 사족이 추천되었을 것임은 역시 충분히 예상 가능한 일이다.

선사재에서의 강학만이 아니라 연경서원에서의 강학 역시 비슷하게 이루어졌다. 연경서원은 선사재에서 금호강을 거슬러 20리 정도 상류인 동화천桐華川가의 화암畫巖 아래 있었다. 연경서원은 원래 퇴계의 제자이면서 농암聾巖 이현보李賢輔(1467~1555년)의 아들인 이숙량李叔樑(1519~1592년)이 일찍이 과거시험을 포기하고 1563년에 지은 서원이었다. 그는 서원의 기문記文을 써줄 것을 이황에게 부탁했지만 이황은 대신에 발문跋文을 지어주기도 했다.44) 이미 이황은 연경서원으로 고치기 전의 이름인 화암서원畫巖書院에 대해 시까지 남긴 바 있다.45)

그러나 연경서원은 임진왜란 때 소실되었다. 이를 1602년에 정구와

---

44) 『退溪集』 권43 「書李大用硏經書院記後」.
45) 위의 책, 권4 「畫巖書院」.

그의 제자인 장현광, 손처눌과 서사원 등이 주축이 되어 중건했던 것이다.46) 이후 그곳은 대구 지역의 강학 장소로 중심적인 역할을 했으므로 대구 교육의 핵심적인 장소가 되었다. 정경세는 1607년에 대구부사로 부임한 이후 연경서원에 깊은 관심을 갖고 자주 그곳에 왕래했다.47) 그 때문에 손처눌과 자주 만나 강학했다. 강학을 하면서 손처눌에게 감명을 받은 정경세는 김윤안金允安에게 준 편지에서 "대구 지역에는 비록 좋은 일은 없지만 팔공산에서 나는 백출白朮을 먹는 것과 서사원, 손처눌과 함께 강학하는 것이 매우 좋은 일이다"고 할 정도로 손처눌과 서사원을 높이 평가하기도 했다.48)

통강 규약에서도 확인할 수 있듯이 특별한 일이 있지 않은 한 한 달에 한 번 이상 그곳에 모여 강학을 했던 것으로 추정된다. 정구 역시 이 서원의 중창에 중대한 역할을 했기에 초하루와 보름에 열리는 강학회에 반드시 참여하지는 않아도 고문의 역할을 했으며 자주 왕래했다.

이와 같이 살펴보면 선사재와 연경서원에서의 강학은 주로 손처눌과 서사원이 중심이 되어 대구와 인근 선비들에게 주자와 이황의 학문을 주로 전파하는 역할을 했다. 여기에 정구가 고문이 되어 강학을 돕는 형태였다. 그러다가 서사원이 세상을 떠난 1615년 이후 약 20년의 기간은 손처눌이 중심이 되어 대구의 강학을 이끌어갔다고 볼 수 있다.49)

다만 1615년 4월에 서사원이 세상을 떠나자 손처눌은 이 해 9월에 이 지역의 문생들에게 통문을 내어 강학 장소를 황청동으로 옮겼다.50)

46) 연경서원에 대해서는 구본욱, 「연경서원의 경영과 유현들」, 『한국학논집』 57, 2014 참조.
47) 연경서원은 1660년에 사액을 받으면서 이황을 제향했다. 이후 정구와 정경세가 배향되었다.
48) 『慕堂集』 권7, 「附錄」, 李羲發 行狀.
49) 이상필, 앞의 논문, 2003, 14~19쪽.

매월 초하루와 보름에 선사재나 연경서원에서 행하던 강학이 손처눌이 거주하던 황청동의 서숙으로 옮겨져 행해지게 된 것이다. 황청동에는 영모당을 비롯해 망사암望思菴, 분암墳庵, 동학암動鶴庵, 오야서원梧野書室 등 강학할 만한 장소가 여러 곳 있었다.

그중 손처눌의 주 거주지는 영모당으로, 이곳에서 상당한 시간을 보냈을 것으로 추측된다. 그럼에도 불구하고 그에 관한 기록에서 영모당이 자주 보이지 않는 것은 의문의 여지가 있다. 망사암이나 분암의 경우에도 영모당과 마찬가지로 선조의 묘소 근처에 지은 것이다. 손처눌의 증조부 묘소 아래 1605년에 분암을 지었고51), 망사암 역시 분암 옆에 지은 것이었다.52) 동학암은 영모당에서 다소 떨어진 곳에 있던 것으로 원래 절의 암자였던 것을 활용한 건물이었다.53) 오야서실도 영모당에서 남서쪽에 있는 법이산法伊山에 있던 서실로 비교적 일찍부터 강학에 사용한 장소로 보인다.54) 이밖에도 녹봉鹿峰, 향교鄕校, 단오정端午亭, 고산서원孤山書院, 사빈泗濱, 부지암不知巖 등 다른 사람이 거주하던 곳이나 서원, 향교 등도 월강을 하는 장소로 사용한 것이 일기 등의 기록에서 파악된다.

5. 교육의 내용

손처눌이 교육에 사용한 교재는 다음과 같다.

50) 『慕堂集』 권6, 「年譜」(63세).
51) 『慕堂集』 권6, 「年譜」(53세).
52) 『慕堂集』 권6, 「年譜」(61세).
53) 『慕堂集』 권6, 「年譜」(50세).
54) 『慕堂集』 권6, 「年譜」(47세).

『소학』,『대학』,『논어』,『맹자』,『중용』,『주역』,『춘추』,『역학계몽』,『심경』,『근사록』,『태극도설』,『안씨가훈』,『이정전서』,『주자서朱子書』,『이락연원록』,『주문공행장』,『가례』,『예설』,『한서漢書』,『심경후설』,『퇴계집』.

이처럼 교재들은 다양했지만 대체로 사서오경 등 성리학 관련 서적이 대부분을 차지했다.「연보」나『모당일기』를 통해 살펴보면 이들 교재를 사용해 강학한 기간을 알 수 있다.55)

강독 교재	강독한 해
『대학』	1601
『소학』	1602, 1604, 1605, 1606, 1611, 1613, 1618
『논어』	1607
『맹자』	1611, 1614, 1615, 1616, 1623
『중용』	1609, 1621
『주역』	1602(이윤우李潤雨), 1605(정구), 1615(정구), 1620
경의經義 또는 경학經學	1579(정광천鄭光天), 1583(장현광), 1600(손린孫遴)
『가례』	1612(7월), 1623(4월)
『근사록』	1599, 1619
『심경』	1585(서사원), 1606, 1609(정구), 1610, 1612(『심경후론心經後論』), 1622(『심경의의心經疑義』), 1625, 1626년(장현광), 1632(정호신鄭好信)
『역학계몽』	1605(서사원), 1606, 1608(『태극도설』), 1611, 1614(『태극음양오행』), 1621, 1626, 1629(장현광,『태극도설』)
『이락연원록』	1604, 1609, 1611, 1612, 1614, 1615, 1616, 1617

55) 표는 손처눌의 연보와『모당일기』및 황위주, 송희준의 연구를 참조했다. 黃渭周,「慕堂 孫處訥의 文學活動과 作品世界」,『慕堂 孫處訥先生의 生涯와 學問」(靑湖書院 간행), 2003; 宋熹準, 앞의 논문, 2003.

『명신록名臣錄』	1600
『(황명皇明)이학록理學錄』	1612
『이정전서二程全書』	1615
『주문공행장』	1604(관찰사 조홍립曺弘立)
『주자서』	1599(서사원), 1602, 1602(7월), 1606, 1614, 1615(정구), 1616, 1622(8월, 『강주서의의』), 1623(3월), 1625, 1626
『성리서』	1574(정사철鄭師哲), 1617(장현광, 『이기사칠변理氣四七辨』)
『퇴계집』	1601, 1624

그중 손처눌은 『소학』을 매우 중요시했다. 『모당일기』를 살펴보면 『소학』을 읽었다는 기록이 148회나 보일 정도로 여러 번 『소학』을 강독했다. 이것은 『소학』이 학문적으로나 실제 과거 응시에서나 모두 중요한 책이었기 때문일 것이다. 곧 과거 시험에서 『소학』은 조흘강照訖講에서 강독해 평가의 소재가 되는 등 반드시 익혀야 할 교재였다.

그러나 『소학』이 중시된 것은 과거에 필요해서만은 아니었다. 주지하다시피 『소학』은 『근사록』과 함께 사림이 가장 중요하게 여긴 책이었다. 조선 초기에 형식이나 제도에 치우친 것이 아니라 실천으로서의 성리학을 염두에 둘 때 『소학』의 중요성은 충분히 인정되는 바였다.56)

『소학』을 강조한 대표적 사림이던 김굉필이 현풍玄風에 세거했던 것은 대구 지역에도 충분하게 영향을 미칠 수 있었다. 김굉필은 주지하다시피 1498년에 무오사화가 일어나자 김종직 문도로 붕당을 만들었다는 죄목으로 장杖 80대와 원방부처遠方付處의 형을 받고 평안도 희천에서 2년 동안 유배살이를 했다. 그는 유배지에서도 학문 연구와 후진 교육에 힘썼는데, 특히 조광조와의 만남은 역사적인 것이었다. 당시 조광조는 17세

---

56) 정호훈, 『조선의 '소학': 주석과 번역』, 소명출판, 2014 참조.

로 어천찰방魚川察訪[어천은 지금의 평안북도 영변]으로 부임하는 아버지를 따라왔다가 인근에서 유배 중이던 김굉필을 찾아가 수학함으로써 학문을 전수받았다. 이후 김굉필은 순천으로 유배지가 옮겨지고 갑자사화로 인해 참형되었지만 그의 영향은 무시될 수 없었을 것으로 보인다.

임진왜란 이후 사족으로서의 정체성을 찾으려는 과정에서 실천의 근거로『소학』에 주목하는 것이 당시의 주요한 흐름이었다. 따라서 어느 쪽으로나『소학』의 중요성 때문에 손처눌은 강학에서 이를 가장 열심히 공부한 것으로 보인다.

『주역』도 자주 독서했던 교재였다.57)『모당일기』에는『주역』의 건괘와 곤괘를 읽었다는 등의 기록이 121회 나온다.『주역』을 읽은 때는 1611년 2월, 5~6월, 건괘는 1601년 4월~7월, 11월~12월, 1602년 1월~4월, 1611년 3월, 1614년 1614년 8월, 1617년 2월이며, 곤괘는 1601년 5월, 12월, 1602년 2월, 1615년 2월이다. 이러한 독서 경향을 보면『주역』중에서도 건괘와 곤괘를 많이 읽었음을 확인할 수 있다. 특히 1614년의 경우 건괘에 구두점을 찍었고, 1615년 2월에는 곤괘에 구두점을 찍었다고 기록되어 있어 매우 세밀하게 읽었음을 알 수 있다.

손처눌은 또 송대의 성리서를 강학의 주요 교재로 삼았는데 그중에서도『심경』,『근사록』,『역학계몽』,『주자서』가 많이 활용되었다.『모당일기』에는 모두 1,244회 강학한 기록이 있는데 그중 주자의 글이나 성리서와 관련된 책은 835회 등장해 대체로 2/3를 차지했다.58) 이러한

---

57) 손처눌이『주역』에 몰두하고 있었음은 영모당의 양쪽 당호를 정할 때도 드러났다. 동쪽은 산택山澤 손괘損卦의 뜻에서 가져와 산택재山澤齋, 서쪽은 풍뢰風雷 익괘益卦에서 뜻을 가져와 풍뢰헌風雷軒이라고 한 점에서 이를 알 수 있다.
58) 이와 관련된 통계는 황위주,「慕堂 孫處訥의 文學活動과 作品世界」,『慕堂 孫處訥先生의 生涯와 學問』(靑湖書院 간행), 2003, 40~41쪽 참조.

사실로 보면 손처눌은 사림 일반이 추구한 주자 성리학의 교육 내용에 동의하면서 이를 실천하고자 했음을 알 수 있다.

이황이 「심경후론」을 지어 주목한 『심경』의 경우 손처눌 역시 매우 주목해 강학의 대상으로 삼았다. 『심경』은 모두 141회 보이는데, 1605년 4월, 7~9월, 1607년 11월~12월, 1608년 3월, 5월, 10월, 1609년 11~12월, 1610년 2~3월, 1611년 12월, 1612년 1월, 1617년 2월, 1624년 7~8월에 걸쳐 매우 많은 시간을 들여 강학을 했다. 특히 1606년 1월에는 『심경질의』를 교정하기도 했다.

『심경』에 대한 각별한 관심은 이황의 학문적 태도와 연결되어 있는 것으로 볼 수 있을 것이다. 이황은 「심경후론」에서 젊은 시절부터 이 책을 보고 공부 했으며, 중간에 신병 때문에 공부를 중단했다가 다시 마음을 다스리는 공부를 할 수 있게 만든 것이 이 책이라고 말했다. 그리하여 사서나 『근사록』에 비할 정도이며, 원나라 학자인 허형許衡이 『소학』을 존숭했던 것처럼 이 책을 대한다고 할 정도로 이 책의 가치를 높게 평가했다.59)

퇴계의 학문을 기본적으로 계승한 손처눌은 『심경』을 바로 퇴계의 학문을 잇는 징검다리로 보았다. 사실 『심경』은 『소학』, 『근사록』과 함께 사림이 가장 중시했던 책이다. 조광조는 중국에서는 그리 크게 유행하지 않은 이 책을 매우 좋아했다. 당시 조선에서 유행한 『심경』의 경우 원래 남송의 진덕수眞德秀가 지은 책이지만 명나라의 정민정程敏政이 여기에 주를 붙여 1492년에 『심경부주心經附註』로 만든바 있었다. 이 책은 명나라에서 주자학이 점차 양명학陽明學으로 변화하는 과도기적 현상을 보

---

59) 『퇴계집退溪集』 권41, 「心經後論」.

여주는 책으로 평가된다. 그런데 조선에서는 이황에 의해 주자학을 이해하고 실천하는 데 중요한 서적으로 재평가된 것이었다.60)

손처눌이 강학 교재로 삼은 것 중에서도 가장 정성을 기울여 강학한 대상은 이황이 편찬한 「주자서(절요)」였다. 우선 강학한 시간으로도 빈도가 가장 빈번하게 나타나며, 『모당일기』에 나타나는 독서 횟수도 267회로 가장 많다. 1601년 7월, 1602년 4월, 7월, 1602년 9~12월, 1604년 4~6월, 11~12월, 1618년 1~12월에 「주자서」를 읽었으며, 1609년 2~4월, 1612년 8월, 1613년 2월, 5~6월, 1615년 4월에는 「주자서」를 교정했다. 1609년 3월에는 『주자대전朱子大全』을 강하기도 했다.

손처눌은 이렇게 이황의 안내를 따라 주자를 읽었는데, 이황의 문집인 『퇴계집』도 강학의 주요 대상이었다. 손처눌은 스승인 전경창과 정구 모두 이황의 제자였기에 당연히 이황에 대한 존경이 남달랐을 것으로 볼 수 있다. 1600년에 『퇴계집』이 새로 간행되자 손처눌은 다음해인 1601년 5월에 이 책을 강학 교재로 삼았다. 그는 이황을 동방의 주자로 일컬으며 『퇴계집』을 매우 높였다. 그는 "『퇴계집』은 『주자대전』과 매우 비슷해 그 시를 외우고 그 편지를 읽으니, 마치 주주가 다시 태어난 것 같다"고 하거나 1624년 7월에 『퇴계집』을 강학하면서 "학자는 마땅히 『퇴계집』을 주자서와 참고해본 후에야 두 책이 서로 표리가 되는 취지를 알 수 있을 것"이라고 하기도 했다. 『모당일기』에 따르면 『퇴계집』을 읽은 기간은 1607년 2월과 4월~9월, 1624년 12월이며, 독서한 회수는 70회이다.

---

60) 정재훈, 「16세기 전반 새로운 性理學의 모색과 心學化」, 『韓國思想史學』 18, 2002 참조.

모당 손처눌을 배향한 청호서원靑湖書院. 대구광역시 수성구 황금동에 위치한다.

이외에도 강학 교재로 삼지는 않았지만 『모당일기』에는 여러 차례 우리나라 선현의 문집을 읽은 기록이 보인다. 예를 들어 1624년 3월에 『포은집圃隱集』, 1604년 1월에 「원조오잠元朝五箴」, 1611년 6월에 「회재연보晦齋年譜」 등이 그것이다.

6. 나오며

이상에서 『모당일기』를 중심으로 모당 손처눌의 교육 활동에 대해 살펴보았다. 손처눌은 16세기 후반에서 17세기 초반에 걸쳐 대구 지역에서 활동한 대표적인 학자였다. 그가 가장 힘을 기울인 교육 활동을 통해 당시 사림 내지 사족이 해당 지역 사회의 현장에서 어떠한 활동을 했는지, 이를 통해 무엇을 추구했는지, 궁극적으로 사족의 정체성을 어떻게 형성해 나갔는지를 살펴볼 수 있었다.

손처눌이 본격적으로 강학 활동을 통해 교육에 나선 것은 48세 때인 선조 33년(1600년)이었으며, 이 해부터 일기도 작성했다. 손처눌은 종래 공적 교육 체계였던 향교를 대신해 선사재나 연경서원 등의 사학에서 새로운 교육을 모색했다. 이를 위해 강학 규정이나 절목을 마련하기도 했는데, 주자나 이이의 것을 모범으로 삼았다.

모여서 서로 격려하며 공부하는 것은 이 시기에 새롭게 등장한 방식으로, 사림이 추구한 위기지학을 함께 모색하는 것이었다. 사림 내지 사족은 이러한 강학 활동을 통해 자신을 연마하면서 종래와는 다른 사족 중심의 질서 내지 국가 질서의 구축까지 추구했다.

손처눌은 멀리는 조광조와 김굉필로부터 내려온 학문적 영향을 받으며 이황의 학문을 정구를 통해 전해 받았다. 그래서 『소학』이나 『심경』, 『근사록』 등과 같은 교재를 강학에서 가장 중시했다. 일기에서 가장 시간을 많이 들여 읽은 책들이 위의 교재였던 것에서 손처눌의 학문적 지향을 알 수 있다.

임진왜란이라는 일찍이 겪어보지 못했던 전란을 경험한 이후 손처눌은 새로운 사회 재건의 목표를 교육을 통해 해결하려고 했던 것으로 볼 수 있다. 이는 임진왜란 이전부터 이미 조선을 혁신하려고 시도한 사림의 학문적 지향을 계승하면서도 이를 지역 현장에서 실천할 수 있는 현실적 대안이었다. 그러한 노력의 결과 대구 지역에서는 이전과는 달리 많은 과거 합격자를 배출할 수 있었고, 학문의 전통도 마련할 수 있었다.

4장

17세기 전반 안동 권역 사림 공론의 형성 과정과 특징

최은주

04

1. 들어가며

공론은 사회적 다수의 보편적 논의를 지칭하는 것이지만 단순하게 다수의 의견을 대변하는 것으로 보기는 어렵다. 발전적 시각에서 공론은 대의명분으로 뒷받침되어야 하고 누구나 동의할 수 있을 만큼 합리적이어야 한다. 그러나 이상과 현실이 늘 교차하듯이 현실에서 공론의 형성에서는 집단 여론의 성격이 강하게 부각되고, 집단의 성격이나 입장에 따라 세력화 전략으로 활용되기 쉽다.

조선시대의 공론도 그러했다. 공적 여론, 즉 '국가 공공의 의론'을 지향하며 국가의 흥망이나 유학의 성쇠 같은 대의명분을 추구했지만 사림세력이 분열한 이후 당파적 이해를 반영하는 당론黨論과 구분하기 어려워지게 되었던 것이다. 당초 사림 세력은 군주 및 소수의 훈척에 의해 주도되는 정치 운영 형태에 대응해 정치 참여층의 확대를 겨냥해 다양한 논의를 수렴한다는 명분에 의거해 본격적으로 공론 정치를 주도했다. 이에 유생들이 실질적인 공론 형성층으로 성장하게 되었는데, 그러는 사이에 정치 세력과 유생들의 정치적 연대가 촉진되어 그들이 붕당의 사회적 기반으로서 기능하게 되는 단서가 마련되었다.1)

『계암일록』에는 영남 지역 사림이 정치적·사회적 요구에 따라 지역 공론을 형성하고 형성된 공론을 활용하는 다양한 사례가 생생하게 기록되어 있다. 이러한 공론 형성과 활용은 크게 두 가지 유형으로 구분되었다. 하나는 오현종사 청원 운동에 실질적으로 합세해 대규모 상소를 올렸던 것처럼 지역적·학파적 대의명분에 의거해 지역 사림의 결속을 강화하고 정치적 대응을 시도하기 위해 적극적으로 공론을 형성했던 것이다. 다른 하나는 월천의 도산서원 종향, 학봉 서애의 여강서원 합향을 위해 형성했던 공론처럼 지역 내 사림 세력의 분화에 따라 각각의 입장과 이해관계를 위해 움직였던 것이다.

조선시대 '공론'과 관련해서는 연구 성과가 많이 축적되어 있다. 기왕의 연구들은 주로 공론 형성의 주체가 공경재상公卿宰相에서 대각臺閣으로, 마침내 '재지사족으로서의 사림'으로 넘어갔다는 통설 하에 사림파 및 그들의 정치 활동과 관련해 '공론'이라는 개념 또는 '공론 정치'의 작용과 결과에 주목해왔다. 본고에서는 이 연구들의 성과를 바탕으로 일기 자료가 가진 특성을 함께 고려할 것이다. 『계암일록』에는 공론 형성의 주도에서부터 공론화 과정 그리고 이 과정 안에서 발생하는 집단 또는 개인의 선택과 갈등에 대한 문제가 그대로 노출되어 있기 때문이다. 물론 김령이라는 개인적 시각에서의 기록이라는 한계를 노출하지만 이러한 일련의 전개 과정이 당시 중앙 정계의 동향과 지역 상황의 변화를 바탕으로

---

1) 설석규, 『조선시대 유생상소와 공론정치』, 도서출판 선인, 2002 참조.

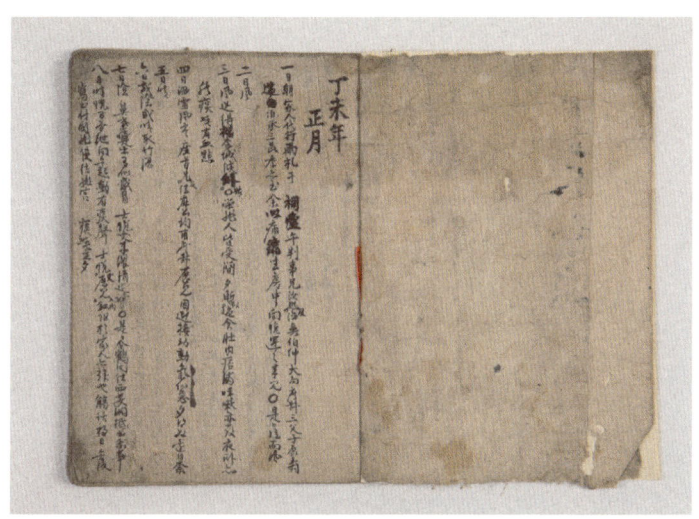

김령의 친필본인 『정미일록丁未日錄』 1책

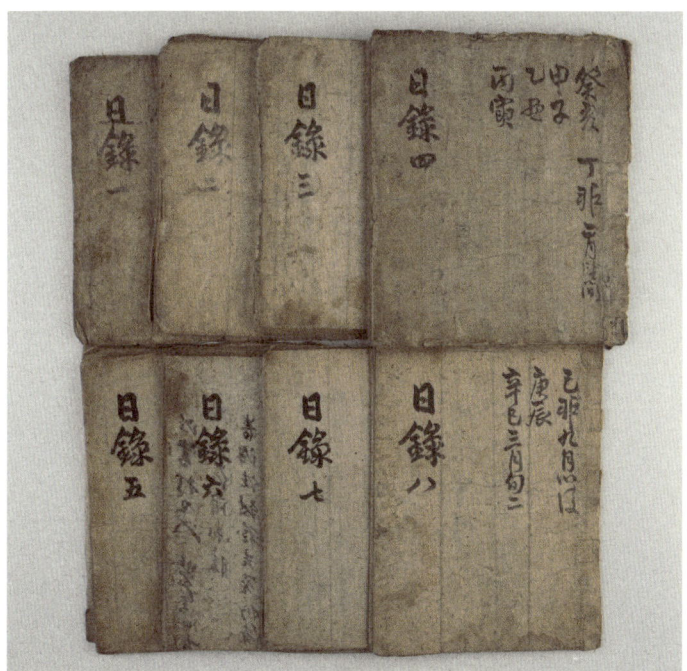

김령의 『계암일록』

매우 세밀하게 묘사되어 있다.

당시의 영남 사회는 퇴계학파 중심의 남인이 정치적 영향 및 사승師承 관계에 따른 내부적 분화를 한참 겪고 있었고, 그럼에도 불구하고 외형적 결속을 놓지 않던 시기였다. 당시 이 지역의 공론 형성 과정에서도 이러한 현상은 예외가 아니었다.

2. 안동 권역 사림의 공론 형성: 배경과 과정

사람들이 모두 옳다고 여기는 것과 다수의 사람이 한목소리로 만들어내는 공론은 별개다. 주희는 시비是非와 공론은 그 자체로 존재하는 것이지 둘을 동등하게 여기지 말라고 했다. 공론이 시비를 판단하는 기준이 될 수 있지만 그렇다고 사론私論이 시비를 판단하는 기준이 되지 않는 것은 아니라면서, 특히 일정한 지역이나 영역 및 특정 계층의 공론으로 시비를 평가할 수는 없다고 했다.2) 주희의 이 말은 공론을 어떻게 볼 것인가에 대한 하나의 대답이 된다. 주희는 공론이라는 말을 다양한 측면에서 활용했다. 공간적으로는 한 고을의 공론으로부터 한 도의 공론 및 국가의 공론 등으로까지 범위를 넓히기도 했고, 시간적으로는 현재의 공론과 먼 후대의 공론 및 시간적으로 영원히 변치 않을 것으로 믿는 공론 등으로 필요에 따라 강조점을 달리 하기도 했으며, 공론의 주체에 대해서는 조정 관료의 공론, 사대부의 공론, 민중의 공론 등으로 다양하게 확장되기도 했다.3) 주희가 말한 대로 조선시대에도 이 '공론'이란 말은 누가 어떤

---

2) 윤원현, 「주희의 '公私' 개념과 公論」, 『율곡사상연구』 제17집, 율곡학회, 2008, pp. 173~174 참조.

상황에서 쓰는가에 따라 같은 단어지만 함의는 다양하게 변했다.

성종 대로 들어서면서 공론의 위상이 강화되었다. 무엇보다 대간의 언론 활동이 활발해지는 가운데 공론에 대한 언급 자체가 큰 폭으로 증가하면서 대간 스스로가 자신을 '공론의 소재처'로 자처하는 경우가 빈번해졌고, 청요직들이 공론을 언급하는 횟수도 많이 늘어났다. 대간에서 공론을 기탁해 제기하는 문제들이 훈신과 외척 세력의 발호를 저지하고, 관직이나 인척을 매개로 하는 부정축재나 비리를 줄이려는 사안들과 관련된 경우가 많았기 때문에 국왕과 대신들은 '공론'에 대한 부담을 가질 수밖에 없었다.4) 이에 따라 시간이 흐를수록 공론이 가진 의의와 필요성이 지속적으로 확대되고 공론 형성도 활발해졌다. 더불어 공론 담당층도 점차 변화 확장되었고, 유생, 재지사족 같은 지배층의 외연에 있는 사람들까지 포함하게 되었다. 유생들은 자신들의 의견을 수렴해 이를 토대로 상소를 작성하고 조정에 전달하는 방식으로 공론을 표방했다. 이 유생 상소는 18세기 정조 대까지 전반적으로 성장 일로에 있었지만 시기에 따라 기복은 상당히 심했던 것으로 나타난다. 대체로 중종-명종-선조 대를 거치며 꾸준하게 증가하다가 광해군 대에 폭발적으로 치솟았고, 인조 대에 다시 급감하는 추세를 보였다. 그 뒤로도 증가와 감소 추이가 반복되었다.5)

17세기 초반에 안동 권역 사림의 공론 형성이 활발하게 이루어진 데는 이러한 정치사회적 흐름이 작용하고 있었다. 『계암일록』에는 당시 사림이 특정한 사안에 직면해 국가적·지역적 요구에 따라 공론을 만들어가는 과정이 생생하게 기록되어 있다. 그들이 공론이라 말하며 제기한 주장

---

3) 윤원현, 위의 논문 p. 177 참조.
4) 송웅섭, 「조선 성종 대 공론정치의 형성」, 서울대학교 박사학위논문, 2011, p. 13 참조.
5) 설석규, 위의 논문[부록(16~18세기 儒疏分布) 참조].

들은 때로는 지역적 차원에서 결집된 하나의 공론이기도 했고, 때로는 학파적 또는 문중의 입장에 따라 분열된, 즉 각각의 공론이기도 했다. 그러나 어떤 상황이든 지역 사람에게 널리 알려 대다수의 의견을 구한 뒤 합의된 내용을 두고 공론이라 불렀던 것은 분명하다. 그렇지 않을 경우 특정한 목적을 달성하기 위해 공론을 사칭한다는 의심에서 자유로울 수 없었고, 공론인지 아닌지를 둘러싸고 갈등과 대립을 빚었기 때문이다.

○ 1634(인조 12년) 윤 8월 21일
영주[榮川] 선비들이 안동에 편지를 보냈다. 그 편지에는 소회疏會 같이 중차대한 일을 애초에 이웃 고을 사우士友들과 공론으로 하지 않은 것, 또 그 통문에 다만 향교에서 직임을 맡은 인사의 이름만 쓴 것, 게다가 또 서명을 하지 않은 것 등을 따졌다.6)

1632년(인조 10년) 인조는 온갖 논란 끝에 정원군을 원종으로, 계운궁啓運宮을 인헌황후仁獻王后로 추숭했다. 그러나 추숭하면서 부묘祔廟 문제에 대한 논란이 다시 발생했다. 인조는 이 논란도 이겨내고 결국 3년 뒤인 1635년(인조 13년)에 원종 내외를 부묘했다. 위의 예문은 김시추金是樞(1580~1640년)가 당시 조정에서 부묘에 대한 일로 논란이 일자 부묘 반대를 위한 소회를 추진하기 위해 통문을 돌리면서 벌어진 일이었다. 그는 향교의 재임이던 아우와 함께 독단적으로 몇몇 서원 원장을 소집해 소회 추진에 대해 일방적으로 설명하고 통문을 내려 했다. 그러나 원장들의 반대로 뜻을 이루지 못하자 향교 장의와 통문을 내면서 원장들 이름과 서명

6) 김령, 『계암일록』, 1634년 윤8월 21일. "…… 榮川士子折簡安東 詰其疏會重事 當初不公議 于隣近士友 且其通文 只書學宮任事人名 而且不着署 ……."

없이 서원의 직책만 기록했던 것이다. 영주에서 안동에 편지를 보냈던 것은 소회와 같이 중차대한 일을 지역 사림과 의논해 공론으로 하지 않은 것을 항의하기 위해서였다. 당시 부묘 반대를 위해 소집된 소회의 가부에 대해 지역의 의견이 일치되지 않았던 것처럼 보인다.7) 이 과정에서 김시추가 안동 예안 지역의 일부 사람과 도모해 소회를 추진한 것이 '공론' 반영과 형성의 측면에서 문제가 된 것이다. 그러나 소회 당일 참석 인원이 200여명쯤 되었던 것으로 봐서 주변 다른 지역의 호응이 없었다고 보기는 어렵다. 다만 안동 예안에서 겨우 7명만 참석했고, 상주 지역에서는 아무도 참석하지 않았으므로 결국 지역 전체의 의견이 불일치하는 중 소회가 목적을 이루지 못한 채 파하게 되었다.

위의 일화는 지역 사림의 공론 형성에서 중요한 것이 합당한 절차와 명분 획득이었음을 알려준다. 이것이 제대로 이루어지지 않았을 경우 공론은 분열되었고, 결국 이름만 남은 채 각자의 주장을 위해 활용될 따름이었다. 위의 사례는 한 쪽에서 여론을 주도하며 무리하게 공론화하려던 중 생긴 폐단이었다. 그러나 이 역시 당시 공론 형성의 또 다른 모습이었다.

3. 안동 권역 사림 공론 형성의 특징

1) 지역적 결속과 대의명분의 추구

『계암일록』은 선조36년(1603년)부터 인조19년(1641년)까지 기록

---

7) 김령, 『계암일록』, 1634년 9월 4일 기사. "…… 䟽會可否 下道之議 與此處一般 而玄風守金世濂 亦以爲不可矣."

된 일기이다. 이 시기는 임진왜란이 지나간 직후였고, 동인이 남인과 북인으로 분기되어 갈등을 빚다가 대북 세력이 집권했으며, 인조반정으로 대북 세력이 몰락하고 서인이 조정을 장악했던 때이다. 그리고 정묘호란, 병자호란을 겪으면서 청나라와 사대관계가 맺어지는 등 그야말로 국내외 정세가 변화에 변화를 거듭하던 때였다. 일기에는 이러한 정세의 변화 속에서 안동 예안을 비롯한 영남 사림이 지역의 공론을 결집해 그 뜻을 군주에게 전달하기 위해 노력하는 모습이 포착되어 있다. 그리고 그렇게 노력하는 모습은 시간이 흐르면서 변화 양상을 뚜렷하게 드러내고 있다.

먼저 선조 36~41년(1608년)까지 약 6년간 이루어진 공론 형성의 사례들을 살펴보면 아래 표와 같다.

〈표 1〉『계암일록』에 나타난 공론 형성의 사례 I(1603〔선조 36년〕~1608〔선조 41년〕)

연번	연도	공론 생성의 계기	기간	경과
1	1604 (선조37년)	선조의 이언적 폄하	4월16일~ 5월 20일	• 대사성 김륵의 지시로 영주 사림이 주도 • 5월 16~19일에 소회 개최(선산/300명 참석) • 5월 20일 배소拜疏를 위해 상경
2	1605 (선조38년)	성균관에서 보낸 통문에 정인홍이 이황을 모욕한 내용 때문	7월30일~ 9월 21일	• 9월 20~21일 사이에 사림 회의 개최. 답통 시행(안동/200명 참석)
3	1608 (선조40년)	고경리가 올린 상소에서 5현종사에 이언적 대신 성혼을 넣고 정철을 신원해달라는 주장 때문	5월13일~ 7월 27일	• 영주 사림이 주도, 5현종사 청원 내용 • 6월 15일 소회 개최, 상경(상주/400명 참석) • 서울에 소청 설치, 네 차례의 상소를 진행
4	1608 (선조40년)	정승윤 등 경상우도의 통문에 임해군을 죽일	10월 27일	• 좌도의 여러 읍에서 모두 통문에 대답하지

| | | 것을 청하는 소에 참가하지 않은 성균관 유생들을 극력 공격하자는 내용 때문 | 않기로 결정 |

    6년 동안 네 차례에 걸쳐 지역 공론이 결집되었는데, 처음은 선조가 관학 유생들이 올린 오현의 종사 청원 상소에 비답을 내리면서 회재 이언적을 폄하한 것 때문에 시작되었다. 선조의 비답이 당시 조정에 큰 파장을 일으키면서 관학 유생들은 그들이 올린 상소가 널리 알려져 영남 유생들도 상소를 통해 발명하기를 바랐다. 더불어 당시 대사성이던 김륵金功(1540~1616년)이 영남 유생들도 관학 유생들처럼 상소하도록 별도로 지시하자 영주 사림의 주도로 좌도左道는 일사분란하게 움직이기 시작했다. 통문을 돌려 지역별로 모임을 갖고8) 한 달 뒤인 5월 16일에 좌도와 우도의 사림이 선산에서 모두 모이기로 계획했다. 16일에 선산에는 여러 읍에서 300명가량의 사림이 모여들었고, 이날부터 4일 동안 소두疏頭와 장의掌議를 결정하고 올릴 상소를 선택하는 등 회의를 거듭했으며, 20일에는 김윤안金允安(1560~1622년)을 소두로 해서 70명 정도의 유생이 상소를 배행해 상경했다. 한 달 반 만에 이루어진 일이었다. 당시 선조는 완곡하게 종사를 거절하면서도 상소를 위해 멀리서 온 영남 유생들을 위로하고자 정시庭試를 치르도록 배려하며 이 사태를 일단락지었다.9) 1605년에는 정인홍의 문하생들이 중심이 되어 성균관에서 통문을 냈는

---

8) 김령, 『계암일록』, 1604년 4월 16일 기사. "…… 舘中呈疏 通諭此道 欲望南儒上疏發明 大司成金栢岩令公 亦私諭南中 如舘儒意, 榮川儒士通文左道 列邑將以五月十一日 會于安東 安東儒士亦通文境內 幷謄寫御批 以十八日會議于鄕校 ……."
9) 김령, 『계암일록』, 1604년 6월 17일 기사. "因平甫兄 聞朝廷特爲嶺南儒生設廷試 爲其拜疏遠來也."

팔도지도八道地圖 중 경상도慶尙道 부분

데, 안에 정인홍이 이황을 모욕하는 내용이 들어 있어 통문이 촉발된 것이었다. 이 통문으로 인해 지역 사론士論이 크게 일어났고, 9월 20일부터 이틀 동안 안동에서 200명 정도가 모여 답통에 대한 회의를 진행했다. 답통은 신홍도申弘道가 지은 것을 썼다고 한다.10)

　　1608년에는 고경리가 올린 상소가 시발점이 되었다. 당시 영주 사림이 주도해 오현종사 청원을 위한 상소를 계획하고 도내에 통문을 돌린 것이다.11) 역시 한 달 뒤인 6월 15일에 상주에서 소회를 개최했는데, 이 날 모인 사람은 대략 400명이었고 이전李㙉(1558~1648년)을 소두疏頭로 삼아12) 며칠 뒤 배소해서 상경한 것처럼 보인다. 이들은 상경해서 계속 서울에 거주하면서 약 한 달간 네 차례 상소를 올렸다. 이 해 10월에는 우도의 통문을 받고 의론이 일었으나 대답하지 않는 것으로 단시간에 공론을 모았다.13) 당시 이루어진 공론 형성은 안동 예안을 비롯한 영남의 여러 지역 사림이 단일한 목표 아래 짧은 시간 동안 매우 조직적으로 움직이며 의견을 하나로 결집한 데 의미가 있다.

다음은 광해군 대에 이 지역에서 이루어진 공론 형성의 사례들이다.

〈표 2〉『계암일록』에 나타난 공론 형성의 사례 II(1609(광해군 1])~1623((광해군 15])

연번	연도	공론 생성의 계기	기간	경과
1	1610 (광해군2년)	공빈김씨 추숭 반대 연명상소	5월 10일~ 6월 7일	• 5.28~6.7 소회 개최, 상경 (예천/300명 참석)
2	1611 (광해군3년)	정인홍이 이황과 이언적을 비난한 소차를 올림	4월 16일~ 5월 22일	• 5.13~22 소회 개최, 상경 (안동/400명 참석)
3	1611	경상우도 성박 등의	8월 15일~	• 즉각 다시 상소를

10) 김령, 『계암일록』, 1605년 9월 21일 기사. "食後赴會 所以申弘道所製用之 ……."
11) 김령, 『계암일록』, 1608년 5월 13일 기사. "…… 榮郡倡議通文 一道呈蹂闕下 論彼輩之罪 且請五賢從祀 指日爲期 ……."
12) 중간에 이전이 세마洗馬직을 제수받아 김숙金㘽으로 변경되었다(위의 자료, 1608년 7월 27일). "…… 疏頭李㙉 除職洗馬 金㘽爲疏頭 ……."
13) 김령, 『계암일록』, 1608년 10월 27일 기사. "見右道通文 鄭承尹等所出也 欲會疏力攻李公好閔尹公承勳及三公館儒之不參於請誅臨海之疏者 上道列邑 皆定議不答."

4장 17세기 전반 안동 권역 사림 공론의 형성 과정과 특징 157

	(광해군3년)	상소에 이황과 이언적을 모욕한 내용 때문	9월 5일	올리자는 사론이 상주, 영주 등지에서 일어났으나 여건상 결국 상소 계획을 물리는 것으로 결정
4	1620 (광해군12년)	세미稅米 기한을 늦추려고 비변사와 감사에게 呈文하기 위해	4월 30~ 5월 10일	• 영주와 봉화 등지에서 통문을 내고 정문 계획을 세웠으나 관리의 농간으로 불발
5	1621 (광해군13년)	이이첨을 탄핵하는 상소를 올리기 위해	6월 22일~ 9월 3일	• 예천 사림이 주도해 상소 계획 도모 • 경상감사 정조와 (친)대북 세력은 소청 모임을 저지하기 위해 방해를 일삼음 • 배소 위해 상경 후 4차례 상소 올림

광해군 즉위 초기인 1610년, 1611년에 연달아 세 차례 공론이 형성되었다. 먼저 공빈김씨 추숭 반대 상소를 올리기 위해 예천으로 300명가량이 모여 들었다. 기간은 5월 28~6월 6일까지로, 이 기간 동안 소청을 설치해 장의와 소두를 결정하고 누구의 상소문을 쓸 것인지를 논의했다. 그리고 다음 날 7일에 상소를 모신 행렬이 서울로 출발했다. 이때 소두는 김평金坪(1563~1617년)이었고, 상소문은 김호金壕(1534~1616년)가 쓴 것으로 결정되었는데, 두 사람 모두 김령의 종형이었다. 두 번째는 정인홍이 소차를 올리면서 이황과 이언적을 모욕했기 때문에 이루어졌다. 좌도와 우도의 사림 400명가량이 안동에 모여 5월 13~21일까지 상소문을 올리기 위해 회의를 거듭하고, 역시 다음날 22일에 상소 행렬이 서울로 출발했다. 두 사례 모두 짧은 시간 안에 공론을 결집해 즉각 상소로 대응했다. 그런데 두 번째 때는 약간의 해프닝도 있었다. 금응훈이 상소할 유생

으로 친대북 계열이던 이모李慕와 김중청의 아들을 선출하면서 이치에 맞지 않다는 비판이 있었고, 이모의 형 이립李岦이 상소문을 베끼는 것 때문에 논란이 일었으며, 소회 당시에는 서로 전하는 말에 우도右道의 간첩 운운하는 말도 있었기 때문이다.14) 그럼에도 큰 분란은 없었고, 소회는 순조롭게 진행되어 6월 4일에 서울에 도착해 상소를 올릴 수 있었다.

세 달 뒤에는 우도의 성박 등이 올린 상소 속에 이황과 이언적을 헐뜯는 내용이 들어 있었기 때문에 공론 형성의 계기가 발생했다. 당시의 지역 분위기는 당장이라도 대궐로 나아가 부르짖을 기세였으나 여러 가지 제약으로 제동이 걸렸다. 이에 가장 큰 영향을 미친 것은 안동과 예천에서 감시와 동당시가 시행될 예정이었으므로 소회를 소집해 상소를 준비할 물리적·정신적 여유가 없었기 때문으로 판단된다. 상주, 영주 등지의 일부 사림은 폐시廢試하고 소회없이 진행하자고 강하게 주장하고 나섰으나 결국 상소를 뒤로 물리는 것이 좋겠다는 전반적 여론을 따르게 되었다.15) 공론은 형성되었지만 여건상 그것을 조정에 전달하지는 못했던 것이다. 1620년에 있었던 일은 세미 기한을 늦추려고 영주와 봉화 등지에서 통문을 내 공론과 힘을 모아 비변사와 감사에게 정문文할 계획을 세웠으나 관리의 농간으로 불발된 사례였다.

1621년 6월 22일에는 예천 사림이 통문을 돌려 이이첨을 죽일 것을 청하는 상소를 올리자며 공론을 일으켰다. 그리고 이를 위해 한 달 뒤에

---

14) 김령, 『계암일록』, 1611년 4월 27일 기사. "······ 堤叔出 疏儒李慕 金中淸之子尤無理 吾以製路爲撓 ······."/5월 16일 기사. "······ 相傳右道間諜云云 ······."/5월 19일 기사. "······ 午後聞寫疏李岦爲之駭駭 自南門外 抵李華所 話及李岦寫疏事 疏頭孝伯及子止 皆不欲 康君初未詳聞 後乃聞之 亦欲不與俱 星州李天封等力贊之 竟使岦寫之 ······."
15) 김령, 『계암일록』, 1611년 9월 4일 기사. "······ 近邑於場內通文 明日會議疏事 ······."/9월 5일 기사. "······ 食後復會於府門外 別無所事可咦 疏事待後罷散 日已晩矣."

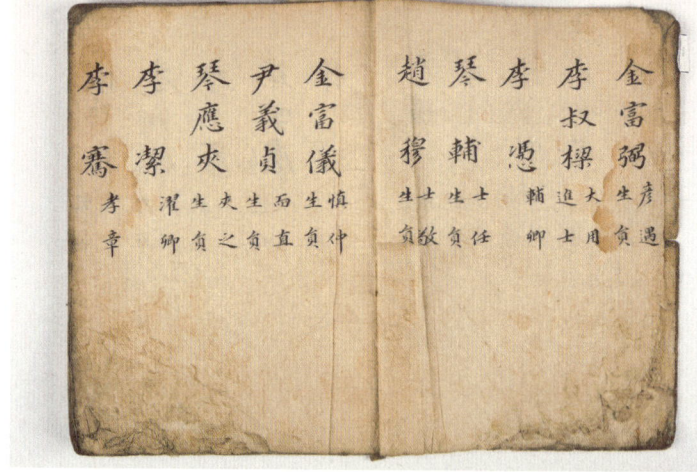

도산서원 유원록遊院錄: 1575년(선조 8년) 5월부터 1607년(선조 40년) 1월까지 도산서원의 유생들을 기록한 원생록

도내 사림이 안동에서 모두 모이기로 계획했다. 그러나 아쉽게도 일기에는 7월 11~30일분이 누락되어 있어 이때의 경과를 상세히 알기 어렵다. 다만 당시 지역의 친대북 부류들이 소청疏廳 모임을 붕괴시키고자 온갖 방법으로 방해한 사실이나 당시 경상감사였던 정조(1559~1623년)가 김휴 사건을 빌미로 사림을 위협하면서 소청 모임을 저지하려 했던 일이 비교적 구체적으로 기록되어 있다.16) 김휴 사건은 전년도 여름에 김휴

가 술에 취해 도산서원에 들어가서는 『심원록尋院錄』에서 정조의 이름을 도려낸 사건을 말한다.17) 예안의 이립 형제들은 이 일을 갖고 정조를 부추기며 소청 모임을 더욱 방해했다. 이러한 방해 공작 속에서도 상소 행렬은 상경했고 서울에 머무르며 네 차례나 상소를 올리고 돌아왔다.

다음은 인조 즉위 후 일기가 끝날 때까지 이루어진 공론 형성 사례들이다.

〈표 3〉 『계암일록』에 나타난 공론 형성의 사례 III(1624〔인조 2년〕~1641〔인조 19년〕).

연번	연도	공론 생성의 계기	기간	경과
1	1626 (인조 4년)	도산서원 원장 이유도가 소송 문제로 안동부사의 노여움을 사 옥에 갇혀 신문을 당하다가 사망한 것 때문	1월 5일~ 5월 16일	• 이유도가 사망하자 예안 사람들이 감사의 죄를 성토하기 위해 도내에 통문을 돌림 • 통문을 돌려 서명을 받는 과정에서 입장과 견해차에 따른 갈등 발생, 59명 서명 • 5월 16. 상주, 함창, 안동 등에서 예안의 통문을 돌려보냄
2	1634 (인조 12년)	원종의 부묘祔廟 반대	윤8월 7일~ 9월 10일	• 김시추, 김시강이 인근 서원 원장들을 모아 소회 추진을 위한 통문을 냄 • 소회 추진에 대한 지역 내 의견 불일치로 사

16) 김령, 『계암일록』, 1621년 7월 4일 기사. "鄭佺心服錄會 百端謀沮 李榮後力言不可之意 榮後郎草頭切族也 其黨聞之皆喜 鄭與黃中允爲姻家故如是哉 監司鄭造 自下道直抵安榮近邑 以浴椒爲名 實欲裏疏會一事也."

17) 김령, 『계암일록』, 1621년 7월 7일 기사. "…… 盖去夏端午後 金烋醉酒 與善山金薦 入陶院讀書儒生榮川張宇柱及錢穀有司金光載同坐典敎堂 烋披閱尋院錄 取掌務李貴男刀 先削鄭造名 光載止之不聽 又欲削鄭造名 貴男還刀不與 然以指瓜破去造名 光載力止之不應 濃曰造名猶存 禮安士氣反不如義城也 盖義城氷山書院尋院錄 亦以筆抹去造名 不知何人所爲也 ……."

					론 분분 • 9월 10일 소회는 개최되었으나 상소는 하지 않기로 함(영주/200명 참석)
3	1635 (인조 13년)	서인 주도로 성균관에서 우율종사를 위해 8도에 통문을 돌림.		9월 10일~ 9월 25일	• 통문 회답을 위해 지역 사림 모임을 계획. • 9월 25일 모임 개최 (선산/110명 참석)
4	1635 (인조 13년)	윤방尹昉이 이황을 무고하고 헐뜯은 일 때문		10월 3일~ 11월 19일	• 변론을 위한 상소 모임을 계획, 사론의 분열로 추진이 원활하지 못함 • 10월 21일부터 한 달 넘게 소회를 개최했으나 의견일치를 보지 못한 채 소두를 서로 피하며 파행만 거듭 (의성/200~300명 참석) • 11월 19일 배소를 위해 상경

이 시기에는 의견을 하나로 모아 공론을 형성하고 이를 기반으로 상소를 추진하는 일이 순조롭지 않았던 것으로 파악된다. 우선 사론을 들끓게 만든 계기 자체가 명분이 약했다. 1626년에 있었던 사례가 대표적이다. 당시 도산서원 원장이던 이유도가 소송 문제로 감사에게 정문呈文했는데, 안에 감사의 권한을 침해하는 내용이 있었다는 이유로 옥에 갇혀 신문당하다가 그만 사망해버렸다. 이 때문에 예안 사림은 감사의 죄를 성토하겠다고 도내에 통문을 돌려 서명을 받았는데, 이 과정에서 입장과 견해차에 따른 갈등이 속속 발생했다. 특히 상주, 함창, 안동 등에서는 예안의 통문을 돌려보내며 아래와 같이 말했다.

"상송相訟에 연유한 것이라 사림과는 관계없는 일이므로 감히 이 통문을 도로 돌려보낸다"라고 했다. 이어서 예안의 통문을 돌려보냈으니, 그 부끄러움과 욕됨이 심했다.18)

이 일로 예안 사림이 통문을 돌려 공론을 형성하기 위해 서명을 받아낼 때 김령처럼 우려하며 동의하지 않는 여론이 없지 않았다. 위의 예문에 나타나고 있듯이 사림과 관계없는 일이라는 이유에서였다. 김령은 사림의 거조가 얼마나 중요한데 어찌 통문이 사사로운 소송에 기인하느냐며 비난했다. 결국 59명의 서명을 받아냈으나 끝까지 서명하지 않은 이들이 있었던 만큼 개운한 과정은 아니었다. 더욱이 예안은 이 사건으로 합군合郡 삭적削籍되어 예안 사족 전체가 사림정거士林停擧를 당하는 처지로 전락하고 말았다. 동시에 조정에 퍼져있던 영남좌도의 호강설이 더욱 굳어지게 되었다.19)

그 뒤에 벌어진 상황들도 크게 다르지 않았다. 원종의 부묘 반대 때도 서인 주도로 성균관에서 우율종사를 위해 8도에 통문을 돌렸지만 예전처럼 일사불란한 움직임은 나타나지 않았다. 지역 사림을 하나로 묶을 수 있는 강력한 대의명분이 없었던 것이다. 설사 그것이 대의명분이었다 할지라도 소회 소집과 상소를 추진하는 것은 또 다른 판단 문제였다. 입장과 다양한 이해관계가 얽히면서 추진 동력이 점차 떨어지고 있었기 때문이다. 이러한 모습은 결국 1635년에 윤방이 이황을 무고하고 헐뜯은 일로 변론

---

18) 김령, 『계암일록』, 1626년 5월 16일 기사. "…… 見尙州答通則云 直書道主姓名 馳通列邑 恐傷國體 且緣相訟 無與於士林 敢比奉還 仍以禮安通文還送 其羞辱甚矣 ……."
19) 박현순, 「16~17세기 예안현 사족 사회 연구」, 서울대학교 박사학위논문, 2006, pp. 117~118 참조.

을 준비할 때 고스란히 나타났다. 변론을 하고자 상소 모임을 계획했으나 사론의 분열로 추진이 원활하지 못했다. 어찌어찌해서 10월 21일에 의성에서 소회를 개최했으나 이날부터 한 달이 넘는 기간 동안 의견 일치를 보지 못한 채 소두를 서로 피하며 파행만 거듭했다. 이를 두고 김령은 아래와 같이 탄식했다.

> 모임을 가진지가 이미 20일이 되어 가는데, 모든 일은 여전히 가닥이 잡히는 데 이르지 못했다. 대개 꺼리고 회피하는 것이 심해서였다. 계명季明은 지난날에 이 일을 강력하게 주장해 논의가 아주 늠름했는데 중간에 이와 같이 변해서 서인西人과 같게 되었다. 지난날 신해년에 정인홍을 공격할 때와, 신유년에 이이첨李爾瞻을 공격할 때는 오히려 이와 같은 지경에는 이르지 않았다.20)

그의 탄식은 당시 지지부진했던 소회의 모습이 앞서 있었던 공론 형성의 모습들과 뚜렷하게 구별되고 있음을 반증한다. 김령은 1611년에 정인홍을 논박할 때와 1626년에 이이첨을 죽일 것을 청할 때를 회상하며 형세가 달라졌음을 인식했다. 당시 일이 그러한 상황으로 치닫게 된 원인으로 김령이 또 하나 지적한 것이 있다. "마음에 걸리는 것은 근래에 유림이 적막해 추진할 사람이 없어서 소를 올리는 데 관계된 모든 일 및 소를 짓는 한 가지 일을 모두 종결치 못하는 것"21)이라고 했기 때문이다. 그의 이 말은 광해군 대에 자신과 자신의 종형들이 상소 모임에 적극

---

20) 김령, 『계암일록』, 1635년 11월 2일 기사. "…… 作會已將二十日 而凡事猶未至就緒 盖以厭避之甚也 季明頃日 力主此事 論議甚凜 而中變如此 有如兩人 往時辛亥攻仁弘 辛酉攻爾瞻, 而猶不至如此 ……."
21) 김령, 『계암일록』, 1635년 10월 4일 기사. "…… 所可念者 邇來儒林寂然無人 疏中凡事及製疏一事 皆未歸宿 此豈細事哉 ……."

참여해 일정한 역할을 했던 것을 떠올릴 때 당시 자신들과 같은 역할을 하는 계층이 많이 축소되었음을 짐작케 한다. 김령은 이 마지막 사례를 보면서 "영남에서 상소하는 일은 지금에 이르도록 두서가 없으니 부끄러움과 탄식이 심할 만하다"22)라고 자조했다.

2) 지역 내 분화와 세력화 전략

당시 퇴계학파 중심의 남인은 외형적으로는 대북 및 서인 세력에 대항해 지역적·정치적 결속을 놓지 않았으나 내부적으로는 꾸준히 분화가 지속되고 있었다. 지역 내에 친대북과 친서인 계열이 등장하면서 정치적 갈등이 생기고, 자신의 스승을 세우고자 다투어 사우 건립과 서원 배향을 주도하면서 학파 내 분기가 심해졌기 때문이다. 더불어 유력 문중 간 알력도 생겨났다. 이에 따라 입장과 견해 차이가 발생하면서 사림의 의논들이 일치하기 어려워졌고, 공론이라 표방해도 명분과 동력을 획득하는 것이 쉽지 않았다.

1612년에 월천계 문인들이 도산서원 월천종향을 추진하면서 발생한 갈등이 대표적 사례가 될 수 있을 것이다. 지역 사림이 각각 찬성과 반대의 입장에서 공론 주도 싸움을 팽팽하게 계속했기 때문이다. 김령은 일기에서 처음 월천종향이 발의될 때 도내에 통문을 돌려 사림들에게 알리고 공론을 확보해야 했음에도 불구하고 김택룡과 금경이 통문을 저지하며 일방적으로 일을 추진하려 했다고 비난했다.23) 일기에 따르면 월천종향

---

22) 김령, 『계암일록』, 1635년 11월 10일 기사. "…… 而南中疏事 至今未有頭緒 可爲愧歎之甚也 ……."
23) 김령, 『계암일록』, 1612년 1월 23일 기사. "…… 堤叔以陝川丈從享招之 初五謁廟時 或議

은 김택룡, 금경, 박수의, 김중청과 김중청의 문도^{門徒} 이립^{李岦} 형제 등만이 부르짖으며 가세할 뿐 나머지 대부분의 사림은 모두 불가하다는 입장이었다고 한다. 그러나 친대북 경향의 일부 월천계 문인은 안동 권역을 벗어난 지역과 중앙정부를 중심으로 공론을 조성하기 위해 꽤 애를 썼던 것처럼 보인다. 그리고 이 중에서도 그들은 '공론'을 적절하게 이용했다. 예컨대 월천종향에 대해 정구에게 각자 자문을 구했는데 정구가 김중청과 이립 등에게 보낸 답서에 "월천을 퇴계 선생의 사당에 종향하는 것은 사론士論이 능히 합치되었으니 몹시도 성대한 일입니다"라고 한 것이다.24) 아마도 그들은 자문을 구하면서 명분을 위해 일이 지역 사론의 일치, 즉 공론으로 이루어지는 것이라고 설명했을 것이다. 이를 두고 반대 입장이었던 김령은 다음과 같이 맹렬하게 비난했다.

○ 1612년(광해군 4)년 2월 13일
하물며 그 편지 속에 '사론이 능히 합치되었다士論克合'는 말이 있으니, 김과 이의 무리들이 필시 이 말로써 한강 노인을 기망欺罔한 것이리라! …… (중략) …… 대개 이 무리들이 사론이 일치되지 않을까 염려해 서로 더불어 꾀를 모아 바삐 손을 써서 일을 저지르는 것이니, 이미 일이 이루어지고 나면 비록 말을 하는 자가 있다 하더라도 어쩔 수가 없지 않겠는가?25)

若從享 則當預出通文 告于道內 金 澤龍琴憬力止之 ……."
24) 김령,『계암일록』, 1612년 2월 13일 기사. "…… 夕見寒岡答金中淸李岦等書 月川之從享 先生廟 士論克合 甚盛事也 ……."
25) 김령,『계암일록』, 1612년 2월 13일 기사. "…… 況其書中 有士論克合之語 金李輩必以此 言 欺罔寒老也 …… (중략) …… 盖此輩慮士論之不一 相與聚謀 忙手擧行 則旣爲之後 雖有言者 亦無如之何也 ……."

이후 서로의 입장을 따지는 통문을 지속적으로 돌리며 지역 내 사림의 의논에 불을 붙였다. 그러는 사이 박수의는 월천종향이 이루어지지 않는 것에 대해 서울의 재상들이 모두 불미스럽게 여긴다는 소식을 전하면서 갈팡질팡하던 금응협을 움직이려 했고, 이립과 금경 등은 고을 사람들의 이름을 열서해 방백에게 정문呈文했으며, 또 김중청은 예조 낭관으로서 힘써 조정에 알려 영의정 및 원임 대신들이 모두 대강의 내용을 듣고 하나같이 회계回啓하도록 만들었다.26)

○ 1614년(광해군 6)년 9월 7일
예안은 이립 등이 몰래 방백 윤휘尹暉에게 글을 올려 '사림의 공론'이라고 하자 조정에서는 그것을 믿었다. 본 현의 사론에 대해 비록 이미 의심하지 않는다고 했지만 그래도 인근 읍의 공의公議를 알고자 관문서를 보내 순문詢問했다. 봉화 또한 모두 김중청의 무리이니 반드시 일치했을 것이다.27)

예안의 이립과 금경 등이 방백 윤휘에게 정문呈文하면서 사림의 공론이라 했으며, 이 때문에 조정에서는 그것을 믿었다는 것이다. 그럼에도 인근 지역의 공론을 파악하기 위해 조사했는데, 봉화는 김중청의 지역이었으므로 정문한 내용과 일치했을 것이라며 걱정하고 있음을 볼 수 있다. 예안에서 찬성과 반대로 갈리며 의견이 분열된 후 반대 입장이던 김령 역시 지역 존장들의 반대 의견을 적거나 인근 지역 사림의 불가하다는

---

26) 김령,『계암일록』, 1613년 8월 5일 기사. "…… 盖夏間竑憬輩 列書北人名 呈文尹方伯 僞爲士林公論 而中淸適爲禮郞 乘時用力啓達於朝 命三議大臣領台及原任大臣 皆聞其大槩一樣回居云"
27) 김령,『계암일록』, 1614년 9월 7일 기사. "…… 禮安則李竑等 潛上書于尹方伯暉陽 若士林公論 朝廷信之 謂本縣士論 雖已無疑 猶欲知隣邑公議 行移詢問 奉化則又皆中淸徒黨 必翕然矣 ……"

4장 17세기 전반 안동 권역 사림 공론의 형성 과정과 특징 167

항의가 빗발친다면서 반대의 공론을 지속적으로 기록했다. 공론을 명분으로 삼은 이러한 갈등과 다툼은 월천종향이 성사될 때까지 약 3년 이상 지속되었다.

○ 1620(광해군 12)년 10월 10일
양 선생은 모두 퇴도 선생 문하의 고제高弟인데, 지금 만약 여강서원으로 위판을 옮겨 봉안해 종향한다면 쌓인 폐단을 하루아침에 제거할 수 있고 명현을 영구히 안치할 수 있을 것입니다. 한 부府의 사자士子들이 묻고 의논해 의견이 일치되었습니다. 귀 서원과 여강서원은 한 몸과 같습니다. 그러므로 이에 감히 알려 드리니 존의尊意가 어떤지 모르겠습니다.28)

위 예문은 여강서원 원장 김봉조金奉祖(1572~1630년)와 임천서원 원장 정전鄭佺(1569~1639년)이 여강서원에 류성룡과 김성일을 합향하기 위해 도산서원에 통문을 보내 이 사실을 알리며 의견을 묻는 것이다. 그리고 부府내 사림의 의견이 모두 일치했다며, 공론이라는 데 명분을 힘껏 실어 뜻하는 바를 이루려고 했다. 그런데 이들이 표방한 사림의 공론은 결국 찬성 입장에 있던 사람의 의견일치였다. 이 일이 알려지고 또 절차상의 여러 가지 문제에 부딪치며 견해 차이가 발생하자 반대 여론 또한 적지 않게 일어났다. 김령도 처음에는 찬성하다가 곧 걱정하더니 이들이 공론을 표방하며 일방적으로 일을 추진한다는 생각이 들자 나중에는 반대 입장으로 돌아서서 비판하고 나섰다. 심지어 이 논의가 발의될 때 당

---

28) 김령, 『계암일록』, 1620년 10월 10일 기사. "…… 兩先生皆溪門高弟也 今若移安從享于廬江 則可以去積弊於一朝 妥名賢於永久矣 一府士子詢謀僉同 念貴院與廬江一體故 敢玆通告 不審尊意何如 ……."

시 풍산면 및 다른 면의 사자들이 이 일을 미처 몰랐다는 이야기를 전해 듣고는, 그들이 '묻고 의논해 사자士子들의 의견이 일치했다'라고 한 말에 대해 속여 꾸미는 말이라며 비난과 걱정을 일기에 그대로 쏟아냈다.

여강서원 합향을 적극 주장한 김봉조 형제, 정전, 김시추 등은 당시 사림의 존장이던 정경세와 김용의 의견을 구해 그것으로 공론을 더욱 확고하게 다지려 했다.29) 여하튼 이들이 합향과 관련된 모든 일을 공론이라는 명분으로 추진하려 한 것은 분명하다.30) 김령의 입장에서야 공론을 빙자해 무리하게 추진하는 듯 보였겠지만 각각의 입장에서는 공론의 대결이었던 것이다. 김령은 이러한 상황을 이렇게 기록하고 있다.

○ 1620(광해군12)년 10월 10일
근년에 월천의 제자들이 한 처사가 아주 바르지 못하다고 사람들이 모두 말했었다. 어찌 알았겠는가? 우리들이 스스로 그 전철을 밟으면서도 그 잘못을 깨닫지 못할 줄을. 말세의 인심이 좋지 못해 무너지고 찢어져 분주하게 치달아 볼 만한 것이 아무것도 없다. 오직 우리들 몇 명이 한 뜻이 되어 다른 우려가 없도록 지킬 수 있었으나 결국은 이 지경에 이르렀으니, 어찌 한 목소리라는 이유로 구차하게 온당치 못한 일을 따르겠는가. 이로부터 장차 저들과 우리 사이에 의심이 있음을 면하지 못할 것이니 더욱 탄식할 일이다.31)

---

29) 김령, 『계암일록』, 1620년 10월 10일 기사. "…… 主張者 金孝一昆弟鄭壽甫金子瞻 而外挾鄭江陵金驪州爲籍 然猶未敢騷番於人 ……."
30) 김령, 『계암일록』, 1620년 10월 30일 기사. "…… 午廬江院長金孝一致書來 初四合享 邀使祭見 且云從配之說 一從士林公論而已 豈一府所可擅爲哉 ……."
31) 김령, 『계암일록』, 1620년 10월 10일 기사. "…… 頃年月川門徒處事 極不正 人皆言之 豈知吾儕有躬自蹈其轍而不悟其謬耶 末世人心不淑 潰裂奔趨 無一可觀 惟吾輩若干爲同人 可保其無他虞 而畢竟如此 豈可以同聲之故 而苟從其不當之事乎 自此將未免有彼我之疑 則尤可歎也 ……."

김령의 이 말은 시간이 흐를수록 지역 내부의 분화가 꾸준하게 지속되고 있었음을 반증한다. 결국 지역 내 학파 분기에 따라 공론도 분열되기에 이르렀던 것이다. 서로 다른 입장에서 자신의 입장이 공론이라는 명분을 내세워 대립했던 것이다. 물론 거기에는 집단 간에 공론을 이용하는 세력화 전략도 들어 있었다.

위의 사례에서도 알 수 있듯이 당시 정파, 학파, 문벌에 따라 각 세력은 저마다의 목적을 위해 사우 건립과 서원 배향을 속속 추진했다. 그때마다 그들이 내세운 것이 '사림의 공론'이었다. 『계암일록』에는 위의 사례만큼 자세하진 않지만 당시 사우 건립 및 서원 배향과 관련해 일어났던 사론士論들의 사례가 상당히 많이 기록되어 있어 당시 상황을 추측케 해 준다.

① 성산星山에 권호문, 김성일을 위한 사우 건립 추진(1608년 10월 5일 기사).
② 일직一直에 류경심, 김수일, 이정립을 위한 사우 건립 추진(1608년 10월 5일 기사).
③ 조식曺植을 위한 무계서원 건립 추진(1615년 3월 7일/4월 10일 기사).
④ 상주 도남서원의 노수신 종향 추진(1617년 3월 19일 기사)→ 노수신 배향 추진(1631년 10월 3일 기사).
⑤ 봉화 창해서원의 이황 봉안, 조목 종사從祀 추진(1617년 8월 17일 기사).
⑥ 영덕 암곡서원의 이언적, 이황 봉안 추진(1621년 3월 12일 기사).
⑦ 성주 회연서원 완공, 정구 향사 추진(1627년 8월 28일 기사).
⑧ 군위 남계서원의 유성룡 향사 추진(1627년 9월 23일 기사).
⑨ 상주 도남서원의 유성룡 배향 추진(1631년 8월 26과 29일/9월 11일 기사).

청성서원靑城書院

도남서원道南書院

⑩ 남치리南致利를 위한 사우 건립 추진(1634년 4월 21일 기사).

⑪ 청성서원에 남치리南致利의 종향 또는 합향 추진(1634년 8월 21일 기사).

⑫ 상주 도남서원의 정경세 배향 추진(1635년 10월 1일/11월 2일과 20일/12월 19일 기사).

⑬ 인동 오산서원의 장현광 배향 추진/대구 선사서원의 서사원 봉향 추진(1639년 10월 21일 기사).

위의 기록은 김령의 일기를 토대로 대략 정리해본 것이다. 그는 일기에서 당시 사우에 대한 논란이 어지러운 것이 폐단이라거나 묘우廟宇에 제향하는 번다한 폐습은 이미 고질병이 되었다고 지적하고 있다. 당시 이러한 분위기는 학파 분기에 따라 자신의 스승을 높이고자 더욱 가속화되었던 것처럼 보인다. 그러한 가운데 공론이라 표방하며 일의 성사를 도모했던 것이다. 표방한 공론이 가능한 많은 사람의 의견을 수렴한 것인가, 수렴 과정이 합리적이고 객관적이었는가, 어느 정도의 정당성과 당위성을 갖는가는 두 번째 문제였다. 그리고 각자의 입장에 따라 서로 다른 잣대로 해석되었기 때문에 명확하게 시비를 가리기도 어려웠다. 누가 어떤 상황에서 어떻게 쓰느냐에 따라 함의가 달라졌기 때문이다. 그러나 공통적인 것은 있었다. 즉 바로 공론이 가진 힘이 그것이었다. 어떤 측면에서는 '공론'이라는 말이 갖는 힘이라고도 할 수 있을 것이다. 어떤 일이든 공론에 기대어 시작되었고, 지역 내외의 명망 있는 사람을 끌어들이거나 힘 있는 관료들에 기대어 공론을 다지려 했다. 그렇게 해서 공론의 지위를 우선 확보하고 다른 여론을 잠재우려 했던 것이다.

> (이 일에 대해) 성주의 사론이 지금까지도 그치지 않고 있는데, 이때 이르러 강응철康應哲은 또 정 판서[정경세]의 뜻을 갖고 소재를 배향으로 승격시키자는 논의를 주장해서 뭇 사람들이 다 따랐던 것이다.32)

1631년에 강응철康應哲이 노수신을 종향에서 배향으로 승격시키기 위해 정경세의 뜻임을 빙자해 사림을 모두 따르게 했다는 것이다. 그러나

---

32) 김령, 『계암일록』, 1631년 10월 3일 기사. "…… 星州士論 至今未已 至是康應哲 又以鄭判書意, 主蘇齋升配之論 衆皆從之 ……."

일기 말미에서 김령은 이 모든 주장이 사실은 강응철의 뜻이었다고 비판하고 있다. 당시 정경세가 나이가 들어 정신이 흐려져 이 사실에 대해 밝게 알지 못한다고 대답했다는 것이다. 이보다 앞서 1617년에는 조광벽趙光璧(1567~1642년) 등이 주도해 도남서원에 노수신 종향을 추진하면서 성주의 정구에게 품의해 사림의 공론을 이끌어낼 때 정구는 흔쾌히 허락하지 않았는데, 상주에 가서는 정구가 '흠잡을 데 없다'라고 말했다고 전해 모든 사람이 따르도록 만들었다고 한다. 이때까지 성주의 사론이 그치지 않고 있다는 말은 그러한 일이 있었기 때문이다. 정구와 정경세를 끌어들여 공론으로 확실하게 굳히고, 이를 기반으로 목적한 바를 달성했던 사례라고 볼 수 있다.

1631년 7월 19일에는 여강서원 원장이 유성룡과 김성일 문집을 등사하는데 글씨 잘 쓰는 사람을 반드시 보내달라며 예안의 서원과 향교에 통문을 돌렸다. 그러면서 마지막에 쓰기를 "대동하고 온다 한들 어떠하겠습니까? 만일 이것에 수긍하지 않는다면 훗날 사론이 두려울 것이니, 반드시 이러한 뜻을 받들어 타일러 두려워하는 마음으로 급히 달려와서 그 일을 하도록 함이 어떻겠습니까?"라고 했다. 김령은 이 통문을 보고 함부로 사론을 들먹이며 서원과 향교로 하여금 사람을 보내지 않을 수 없게 만든다고 매우 언짢아했다.33) 김령의 이 기록은 바꾸어 말하면 결국 사론이라는 말에 부담을 느꼈다는 것이 된다.

이러한 사례들을 통해 볼 때 '사론'이나 '사림의 공론'이 가진 위상

---

33) 김령, 『계암일록』, 1631년 7월 19일 기사. "…… 且有帶率如何 如不肯爲此者 則後日士論可畏 尊須喩以此意 惕念來赴 以執其役何如未端書云 都有司李煥署名 優然移文 名之以督令起送 如使司之號令屬邑 而畢竟以士論恐喝之 令校院愈而發送 欲其聽命於管下 此人雖失常度 何至於此耶 客氣之過 反歸於愚 可爲一笑 ……."

은 지역 내에서 매우 중요했음을 알 수 있다. 그리하여 사람들은 공론을 적극 활용했으며, 이를 기반으로 자신들이 추구하는 바를 달성하려 했던 것이다. 그리고 그 안에서 공론으로 대결했다.

5장

16~17세기 예천권씨가의 친족관계와 의례생활
『초간일기』와 『죽소부군일기』를 중심으로

김윤정

05

1. 들어가며

예천권씨는 예천의 대표적 사족으로 고려 말부터 중앙으로 진출해 조선 전기에는 송당松堂 권맹손權孟孫(1390~1456년), 수헌睡軒 권오복權五福(1467~1498년) 등이 명성을 얻었다. 무오사화로 권오복이 참형당하면서 집안 전체가 화를 입었지만 이를 계기로 영남 사림으로서의 입지를 확립할 수 있었다. 초간草澗 권문해權文海(1534~1591년)는 권오복의 종손자從孫子이자 퇴계 이황(1501~1570년)의 문인이었고, 벼슬이 좌부승지까지 오르면서 영남 사림의 중심인물로 인식되었다. 그의 아들 죽소竹所 권별(1589~1671년)은 관직에 나가지는 않았지만 아버지의 학문을 계승하며 사족으로서의 재지적 기반을 확충했다.

권문해 부자는 16~17세기에 『초간일기』와 『죽소부군일기』를 남겼다. 이 두 일기에는 이들이 영남 사족의 인적 연결망 속에서 교류하며 명문가로서의 지위를 확고히 하는 양상이 잘 드러나고 있다. 그동안 『초간일기』에 대한 접근은 『대동운부군옥大東韻府群玉』의 저자인 권문해의 시와 학문에 대한 연구의 일부분으로 이루어졌다.1) 따라서 이 일기 자료가 보여주는 일상생활의 모습과 그것의 역사성에 대해서는 주목하지 못했다. 또한 『초간일기』와 『죽소부군일기』는 부자의 기록으로 세대에 걸친 변화상을 보여준다는 점에서 함께 연구할 필요가 있다.2)

아래에서는 이 두 일기에서 드러나고 있는 의례생활을 통해 16~17세기 사족 사회를 중심으로 진행된 의례 실천의 의미와 변화 과정을 살펴보고자 한다. 『초간일기』는 1580년 11월 1~1591년 10월 6일까지 약 11년간, 권문해가 47세부터 사망하기 1달 전까지의 기록이다. 이 기간 동안 권문해는 활발한 관직 활동을 하면서도 재향시에는 예천 종가와 선영을 중심으로 유교적 의례를 적극 실천했다. 일기에 드러나는 다양한 의례생활은 영남 사족의 혼맥과 친족 연결망의 토대 위에서 이루어졌다. 권별의 『죽소부군일기』는 1625년 1월 1일~1626년 12월 30일까지 그의 나이 37세와 38세 때의 기록이다. 비록 2년의 기록에 불과하지만 이 일기를 통해 『초간일기』에 등장한 친인척들의 30여년 후의 모습을 살펴볼 수 있다. 또한 권별은 임진왜란 때 소실된 초간정을 재건했고, 예천의 종가를 중심으로 의례생활을 이어갔다. 이처럼 권문해와 권별 부자는 16~17세기를 통해 의례 실천의 틀을 구축하고 계승해나가는 모습을 보여준다.

---

1) 최재남, 「초간 권문해의 삶과 시세계」, 『한국한시작가연구』 6, 한국한시학회 2001; 조형기, 「草澗 權文海의 學文性向과 詩世界」, 『동양예학』 22, 동양예학회, 2009; 전경목, 「'초간일기'와 '대동운부군옥'의 문헌학적 검토」, 『조선의 백과지식』, 한국학중앙연구원, 2009; 김병금, 「權文海의 '초간일기' 연구: 16세기 영남 선비의 삶과 문학」, 영남대학교 석사논문, 2014.
2) 『죽소부군일기』를 별도로 다룬 연구는 없고, 권별의 『대동운부군옥』에서 인물 부분을 독립시켜 보완 정리한 『해동잡록』에 대한 연구가 유일하다(박인호, 「『해동잡록』에 나타난 권별의 역사인식」, 『한국의 철학』 52, 경북대학교퇴계연구, 2013).

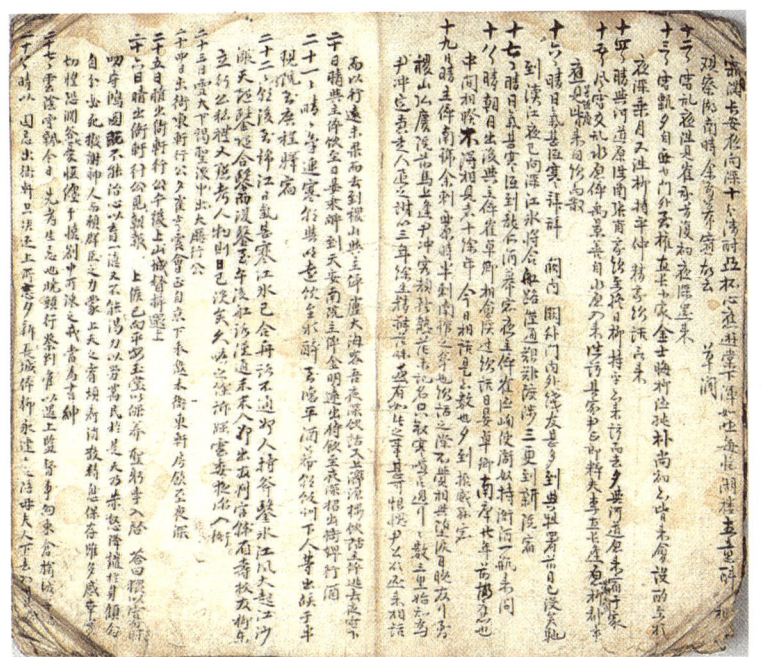

권문해의 『초간일기』 (사진제공 문화재청)

『초간일기』는 시기적으로 『묵재일기』(1535~1567년)와 『미암일기』(1567~1577년)를 이어 16세기 후반의 양상을 담고 있다. 근래 일기 자료의 발굴과 활용이 늘어나면서 이를 통해 의례 실천을 분석하는 일련의 연구가 이루어지고 있다.3) 이러한 연구들은 16~17세기 일기류에 보이

---

3) 정긍식, 「'묵재일기'에 나타난 家祭祀의 실태」, 『법제연구』 16, 1999; 김경숙, 「16세기 사대부 집안의 제사설행과 그 성격 – 李文楗의 默齋日記를 중심으로」, 『韓國學報』 98, 2000; 김문택, 「安東 眞城李氏家 齋舍의 건립과 운영」, 『조선시대사학보』 27, 2003; 김문택, 「16~17세기 安東 眞城李氏家 墓祭 양상과 儒學的 이념」, 『고문서연구』 26, 2005; 김명자, 「'계암일록'을 통해 본 17세기 전반 祭祀의 실태와 그 특징」, 『안동사학』 9·10, 2005; 김소은, 「18세기 嶺南 士族의 일상과 생활의례 1: '청대일기'에 나타난 혼례를 중심으로」, 『사학연구』 88, 2007; 송재용, 「'묵재일기'와 '미암일기'를 통해 본 16세기의 관혼상제례」, 『한문학논집』

는 생활상의 차이에 주목해 16세기의 양계적인 의례생활이 17세기에 보다 종법적으로 진행되었다는 결론을 도출하고 있다. 『초간일기』는 『미암일기』 이후의 16세기말에 해당되는 일기로서, 시계열상 빠진 부분을 채워주고 과도기적 양상을 구체적으로 보여주는 중요한 자료이다.

일기 자료의 특성상 내용이 간략하거나 누락된 경우가 많으므로 그러한 문제를 보완하기 위해 본고에서는 분재기, 족보 등의 고문서 자료와 권문해의 저술인 『초간집草澗集』과 『대동운부군옥』을 활용했다.4) 그리고 『계암일록』(김령, 1577~1641년)과 『매원일기梅園日記』(김광계金光繼, 1603~1645)등 함께 교류한 인물들의 일기도 참고했다. 예천권씨 가문의 『초간일기』와 『죽소부군일기』는 아직 다루어지지 않은 사례 연구로서 17세기에 의례생활이 다양하게 전환되는 모습을 보여줄 수 있는 점에서 중요한 의미를 갖는다.

1. 권문해의 생애와 친족관계

권문해는 1534년 7월 24일에 예천군 용문면 죽림리에서 태어났다. 아버지는 권지, 어머니는 동래정씨 정찬종鄭纘宗의 딸이었다. 권문해는

30, 2010; 우인수, 「17세기 초 경당 장흥효 가문의 제사 관행」, 『국학연구』 21, 2012; 오용원, 「'계암일록'을 통해 본 17세기 예안 사족의 일상」, 『퇴계학논집』 13, 2013; 박종천, 「'계암일록'에 나타난 17세기 예안현 사족들의 의례생활」, 『국학연구』 24, 2014.
4) 권문해의 저술로서 『가례편고家禮便考』라는 예서가 성재性齋 허전許傳(1797~1886년)이 편찬한 『사의士儀』의 고증서적 목록에 포함되어 있다. 그러나 『사의』의 내용 중에 『가례편고』를 인용한 부분을 찾을 수 없고, 『가례편고』와 관련된 다른 기록들이 전무해 더 이상 고찰하지 못했다.

1553년에 현풍곽씨 곽명郭明의 딸과 혼인했고, 1560년 27세에 별시 문과에 급제해 벼슬살이를 시작했다. 1577년에 부친상을 당하자 여막廬幕에서 삼년상을 마쳤다.5) 어머니 동래정씨는 남편의 삼년상을 마치고 1579년 11월에 자식에게 재산을 나누어주는 허여문기를 작성했다.6) 허여문기에 의하면 적자녀는 장남 권문해, 둘째 김복일金復一(남악南嶽, 1541~1591년)의 처, 셋째 권문연權文淵(1540~1589년)으로 2남 1녀였고, 첩의 자녀는 억복億福, 억록億祿, 망해望海로 1남 2녀였다.

권문해의 여동생인 김복일의 처는 아버지 권지가 사망한 다음해인 1578년에 사망했다. 김복일은 의성김씨 청계靑溪 김진金璡의 5남으로, 학봉 김성일(1538~1593년)의 아우였다. 그는 집안의 거주지인 안동의 천전川前을 떠나 처가 인근인 예천의 저곡渚谷에 정착했고, 권문해와는 평생 고락을 함께했다. 김복일은 안동권씨 권심언權審言의 딸을 재취한 후에도 권문해 가족과 긴밀한 유대를 지속했다. 동래정씨는 2남 2녀의 외손자녀를 거두어 길렀고, 이들을 가엾게 여겨 재산을 더 나눠주고자 했다. 당시에는 균분상속이 원칙이었으므로 권문해의 특별한 양보로 인해 외손자녀에게 노비 5구와 논 4석락지를 추가로 상속해 줄 수 있었다.7) 권문해는 생질들을 친자식처럼 아끼며 돌보았고, 그들의 혼례와 상장례를 지원했다.

권문해의 아우 권문연은 예천의 노포蘆浦에 거주하면서 벼슬살이하는

---

5) 『草澗集』, 「草澗先生年譜」.
6) 이수건 편, 『경북지방고문서집성』, 영남대학교출판부, 1981, 172~175쪽; 정긍식, 「16세기 재산상속의 한 실례 - 1579년 권지 처 정씨 허여문기의 분석」, 『법학』 제47권 제4호, 2006.
7) 이수건 편, 앞의 책, 172쪽. "一, 佐郞妻亦早年先逝, 二子二女, 皆未成長 …… 佐郞再娶後, 女亦皆率養于眼前, 人情理切迫, 欲加給田民補資生理 …… 一般子息加給未安亦爲如乎, 文海依我情願, 其矣衿得田民以請令推給, 慰安老母之心."

권문해를 대신해 집안의 대소사를 처리했다. 권문연은 분재시 집이 없었으므로, 집값조로 논 18두락지를 더 받았다. 또한 외조부의 승중조로 노비 5구와 논 1석 23두락지를 상속받았다. 어머니 동래정씨는 무남독녀였던 만큼 외조부모의 봉사를 외손들이 전담하게 되었던 것처럼 보인다.8) 승증조의 토지는 원래 용궁에 있었는데, 권지가 그것을 팔고 예천의 저곡과 용문 등의 땅을 사서 옮겨왔다. 거주지 근처로 옮겨 관리하기 편하게 한 것이라고 볼 수 있다.

한편 서얼들도 재산을 상속받고 제사에 참여하는 등 친족적인 유대를 지속하고 있었다. 권지는 생전에 첩 자녀를 위해 따로 노비 15구와 전답 14석락지를 마련해 두었다. 동래정씨는 이와 별도로 첩 자녀를 친자녀와 같이 여겨 노비 각 1구와 전답 약 3석락지를 추가로 주었다. 첩 자녀들은 조부인 권오상權五常의 묘소 근처인 화장花莊에 거주하면서 선조의 제사와 적손의 길흉사에 참여했다. 권문해도 서모를 찾아보거나 서얼 남매의 대속代贖을 위해 문서를 만들어주는 등 혈연으로서의 책임을 다했다.9) 서매부庶妹夫인 정이수鄭頤壽와 서제庶弟 권망해는 권문해의 부임지에도 방문할 정도로 가깝게 교류했다.10) 화장 서얼들과의 관계는 30여 년 후인 권별 대에도 지속되었다.11)

『초간일기』가 시작되는 1580년에 동래정씨는 예천 금당의 집에서 권문해의 첩과 그 어미妾母와 함께 생활하고 있었다. 권문해는 그해 11월 22일 공주목사로 부임했고12), 1581년 1월 10일에는 어머니를 뵙기 위

---

8) 동래정씨는 정찬종과 안동권씨(권수權銖의 딸)의 무남독녀이고, 정찬종의 집안은 선조 대부터 용궁에 자리잡고 있었다(『東萊鄭氏己未世譜』권1).
9) 『초간일기』, 1582년 2월 15일.
10) 『초간일기』, 1588년 6월 2일, 윤6월 3일.
11) 『죽소부군일기』, 1625년 2월 24일.

예천권씨 초간종택 초간종정草澗亭

해 말미를 얻어 예천으로 내려갔다. 그러나 이때 전염병이 창궐해 첩모가 병에 걸리자 어머니의 거처를 옮겼고, 결국에는 어머니와 함께 부임지인 공주로 돌아가게 되었다. 이때 첩을 데려가 어머니를 모시게 했다. 당시 권문해의 처 현풍곽씨는 병으로 오래 운신하지 못해 함께 갈 수 없었고, 상주에서 친정어머니와 함께 생활하고 있었다. 권문해는 공주에서 어머

12) 「초간선생년보草澗先生年譜」에 의하면 권문해는 1580년 9월에 공주목사에 제수되었는데, 실제 부임한 날짜는 11월 22일이었음을 『초간일기』를 통해 알 수 있다.

5장 16~17세기 예천권씨가의 친족관계와 의례생활 183

니를 위해 친인척들을 불러 잔치를 베풀기도 하고, 초정에서 목욕하고 뱃놀이하는 유람을 함께하기도 했다.13) 그러나 9월 23일 공주목 옥사의 죄인들이 도망한 일로 파직당하면서 1582년 1월에 어머니를 모시고 귀향했다.

예천으로 돌아온 권문해는 초간정草澗亭을 짓기 시작했다. 1582년 2월 8일 초간정사 터를 얻었고, 2월 12일 용문사 승려와 용문동민의 힘을 빌려 터를 닦았다. 2월 19일에 소나무를 심고 2월 24일에는 연못을 만들었다.

이후 자주 초간정에 가서 붕우들과 함께 술을 마시며 여유로운 일상을 즐겼다. 같은 해 6월 21일에 처 현풍곽씨가 사망하자, 권문해는 상장례를 총괄했고 무남독녀를 잃고 슬퍼하는 장모의 마음을 위로했다. 장모 진양정씨는 정계함鄭繼咸의 딸로서, 정경세鄭經世(우복愚伏, 1563~1633년)의 고모할머니였다. 권문해는 곽씨의 외삼촌 정국성鄭國成, 외사촌 정여홍鄭汝弘 그리고 정여관鄭汝寬과 그의 아들 정경세 등과 오랜 유대를 지속했다. 곽씨의 장례를 마친 후 11월의 일기가 빠져있는데, 아내를 잃은 슬픔에 수정하지 못했다고 기록되어 있다.

권문해는 1582년 12월에 성균관사성으로 제수되면서 다음해 6월까지 서울에서 생활했다. 1583년 1월 23일에 성균관 하인과 함께 서울로 출발해 2월 2일에 서울에 도착했고 2월 4일에 사은숙배했다. 2월 7일에 사간원헌납으로 낙점을 받은 이후에는 신덕왕후 복위 문제를 합계合啓하는 등 업무에 대한 기록이 주를 이루고 있다. 윤 2월 16일에 장악원정이 되었고 3월 8일 사헌부장령으로 낙점을 받는 등 숙배肅拜와 체차遞差를 거

---

13) 『초간일기』, 1581년 8월 11일~14일.

듭하다가 6월에는 사직하고 귀향했다.

『초간일기』는 1583년 6월 18일~10월까지의 기록이 빠져 있는데, 이때 권문해의 재취가 이루어진 것으로 보인다. 11월 2일에 '금당의 빙가聘家'에 간 기록이 나오는데, 그곳은 재취한 함양박씨의 친정을 의미한다. 권문해의 연보에는 1584년에 재취한 것으로 되어 있으나 실제로는 1583년 11월 이전에 이루어졌는데, 전처 현풍곽씨가 사망하고 만 1년 후에 재취한 것으로 보인다. 이때부터 함양박씨 형제인 박수성朴守成, 박수선朴守先, 우계尤溪 박수서朴守緖(1567~1627년)에 대한 기록이 『초간일기』에 자주 등장하고 있다. 권문해는 큰처남 박수성이 다인현의 환자 감관으로 일을 잘못해 옥에 갇히자 "사사로운 정리로 볼 때 박절할 수 없으"므로 수령에게 풀어줄 것을 청했다.14) 또한 박수서가 진사시에 합격하자 경하제상慶賀祭床 및 잔치에 필요한 물품을 보내주기도 했다.15) 그렇지만 권문해는 여전히 전처의 빙가에 방문하고, 전빙모의 상장례에도 참여하는 등 관계를 지속했다.

권문해는 1584~1590년까지 무려 7년간 대구부사를 역임했다. 1584년 6월 6일에 대구부사에 수망首望으로 낙점받고 6월 26일에 서울로 출발했다. 7월 5일에 사은숙배하고 7월 6일과 8일에 각각 사간원, 사헌부의 서경을 거쳤다. 7월 15일에 하직숙배 후 집으로 돌아왔다가 대구로 부임한 것으로 보인다.16) 어머니 동래정씨는 예천에 머물렀으므로 권문해는 노모를 뵈러 혹은 선조의 무덤에 배소拜掃하기 위해 자주 예천을 오갔다. 권문해의 어머니와 아우, 조카들도 여러 차례 대구 관아를 방

---

14) 『초간일기』, 1589년 6월 28일.
15) 『초간일기』, 1588년 4월 29일.
16) 『초간일기』는 1584년 8월~1587년 6월까지 누락되어 있다.

문했다.

이 시기에 권문해는 함양박씨와의 사이에서 1남 3녀의 자녀를 두었다. 함양박씨는 계속되는 출산으로 종기와 부종 등 여러 병에 시달리기도 했다. 1587년에 이미 딸 달아達兒와 성아城兒(김광보의 처)를 두었고, 1588년 7월 18일에 아내의 해산으로 딸 공아公兒(김경후의 처)를 얻었다. 1589년 11월 29일에는 아들 권별이 태어났다. 그런데 1587년 10월 12일에 달아가 두창으로 사망하면서 권문해는 크게 상심했다. 이 시기에 권문해는 딸 달아뿐만 아니라 생질녀 최현 처, 아우 권문연과 그의 처, 전빙모 등 많은 친족의 죽음을 겪었다.

그는 1590년 10월에 승문원참교가 되고 1591년에는 사간원사간을 거쳐 동부승지와 좌부승지를 역임했다. 이 시기는 공무에 대한 기록이 주를 이루어 양사의 합계와 조강朝講, 경연經筵의 내용들이 기록되어 있다. 일기는 1591년 10월 6일을 마지막으로 끝나고, 11월 20일에 권문해는 서울의 집에서 생을 마쳤다. 부인에게 어머니의 봉양을 유언으로 남겼고, 장례를 소박하게 치를 것을 당부했다.17) 또한 처남인 박수성에게 집안일을 부탁했다는 점에서 처가와의 긴밀한 유대를 확인할 수 있다. 선조에게 부의賻儀를 받았고 종조제從祖弟 권문계權文啓가 관을 받들고 고향으로 내려갔다. 그리고 다음해 4월에 용문 선영에 장례를 치렀다.

권별 남매는 아버지 권문해의 죽음과 임진왜란을 거치며 성장했다. 권별은 자신의 어린 시절을 "어머님이 나를 안고 산야에 숨어 지내며 간신히 살아남았다"고 회고하고 있다.18) 권별은 봉화 유곡酉谷의 안동권씨

---

17) 『草澗集』, 「附錄·遺墨」. "老親在堂, 飮食衣服, 一如吾平日所爲, 以終天齡, 毋貽爾家翁幽明之慟, … 葬山, 亡弟葬下以用之, 而只葬處植松, 廣占則不可, 立短碣以表之, 勿爲夸大. 家事妻甥中朴景遂可以幹之.."

권래權來(석천石泉, 1562~1617년)의 딸과 혼인해 2남 4녀를 두고 평생을 해로했다. 권별은 평소 병약해『죽소부군일기』는 병증과 치료 과정을 중심으로 기록되었다. 그럼에도 83세로 장수했고, 처 안동권씨도 권별이 사망한 다음해에 86세로 생을 마쳤다. 권별은 32살에 첫아들 권극중을 얻고는 크게 기뻐해 첫돌에 노비 5구와 전답을 별급해주었다.19) 2남 권극정은 사촌 권현의 계후자가 되었다. 큰누나는 예안 오천의 광산김씨 김광보金光輔에게 시집가 '오천누님'으로 불렸고, 1남 2녀를 두었다. 작은누나는 예천 우곡의 순천김씨 김경후金慶後에게 시집가 '우곡누님'으로 불렸으며 2남 4녀를 두었다.

권별은 예천을 중심으로 누대에 걸쳐 통혼으로 다져진 강고한 친족적 유대 속에서 생활했다. 고모부인 의성김씨 김복일의 손자 김시진金是振(1595~1654년), 김시통金是桶(1597~1664년) 등과 일상적으로 만났고, 고종사촌 자형인 최현崔晛(訒齋, 1563~1640년)과도 교류했다. 또한 외삼촌 박수서와 그의 아들 박래朴琜 등과도 친밀하게 왕래했다. 권별은 벼슬을 하지는 않았지만 향교의 장의掌議로 활동하고 정산서원鼎山書院의 원장을 지내는 등 재지적 기반을 통해 사족으로서의 권한을 강고히 할 수 있었다.

---

18) 이수건 편, 앞의 책, 603쪽. "父亦年纔三歲, 父主在京損官裏奉僅畢. 海寇衝斥, 母主抱我, 鼠伏山野, 十生九死, 以至今日."
19) 이수건 편, 앞의 책, 603쪽.

〈표1〉 권문해의 가계도

幼孫(2남)	善(2남)	五常(5남)=나주박씨	祉=동래정씨	文海	賭	克中
				=현풍곽씨(무후)=함양박씨	=안동권씨	克正(권현 계후)
						金時任처(풍산)
						盧世讓처(경주)
						李秉一처(월성)
						金鈃처(상산)
					金光輔처(광산)	金恂[碩]
						丁時泰처(나주)
						邊之斗처(원주)
					金慶後처(순천)	金斗望
						金斗章
						權鏐처(안동)
						李時謙처(완산)
						金邦衡처(의성)
						金宗淥처(의성)
				金復一처(의성)	崔晛처(전주)	
					金澄=平康蔡氏	
					崔挺豪처(충주)	
					金瀁	
				文淵=순흥안씨	鍵=영천이씨, 평산한씨, 봉화정씨, 강릉김씨	
					鉉[憎]=순천김씨	
					李敏㦓처(영천)	
			서얼	億福(鄭頤壽처)		
				億祿		
				望海		

3. 남귀여가혼과 거주 관행의 변화

혼례는 친족관계 형성과 관련된 중요한 의례로서, 일기에는 가족들의 혼례와 그로 인해 맺어진 인척들간의 유대관계가 잘 드러나고 있다. 혼례는 여전히 남귀여가의 관행이 유지되고 있었다. 그러나 남귀여가해 처가에 머무는 기간이나 혼례 후 거주 방식은 지속적으로 변하고 있었다. 양 일기를 통해 생질녀 최현 처, 생질 김지, 권문연의 아들 권건과 손자 권극여의 혼례를 살펴볼 수 있다.

권문해가 공주목사로 재임하던 1581년 7월 27일에 생질녀와 최현이 혼례를 치렀다. 권문해는 7월 24일에야 매부 김복일로부터 27일로 혼사가 정해졌다는 소식을 듣고 급하게 준비를 시작했다. 당시 생질녀는 권문해의 어머니와 함께 공주에 머무르고 있었다. 27일 아침에 신랑 최현이 공주목 유성현에서 묵었다는 기별을 받았고, 식사 뒤에 납채를 했으며 신시에 '친영례親迎禮'를 행했다. 밤에 신랑과 함께 온 요객繞客들을 남청헌南廳軒에서 대접했는데, 8월 1일까지 이어졌다. 8월 3일 신랑이 떠나는 것으로 혼례가 마무리되었다.

권문해는 '친영례'라고 기록했지만 『가례』의 친영과는 전혀 다른 방식임을 알 수 있다. 『가례』에 따르면 혼례는 의혼議婚의 과정을 거쳐 신랑 측이 정한 혼인날을 신부 측에서 받아들이는 납채納采가 이루어지고, 이후 혼서와 폐백을 받는 납폐納幣를 거친 후 친영이 진행된다. 친영례는 신랑이 신부 집으로 가서 기러기를 드리는 전안奠雁을 행한 후, 신부를 데리고 자신의 집으로 와서 절을 주고받는 교배交拜와 음식을 함께 먹는 동뢰同牢 등의 절차를 행한다. 그러나 생질녀의 혼례는 혼례 당일에 납채를 하고, 신랑이 요객들과 함께 신부의 거처에 와서 의례를 치르고는 혼자 돌아갔다는 점에서 친영례라고 할 수 없다. 권문해가 말한 '친영례'는 교배례와 동뢰례 등 세부 절차를 의미하는 것일 수는 있지만 진행 과정은 온전히 남귀여가혼에 의한 것이었다.

그럼에도 권문해가 '친영례'라는 용어를 사용하는 것은 그가 예의 원칙을 따르고자 하는 강한 지향을 갖고 있었음을 보여준다. 이러한 입장은 관례冠禮의 시행에서 구체적으로 드러나고 있다. 권문해는 "지금 사대부들이 고례를 폐하고 혼인할 때야 비로서 관을 씌우는 것"을 비판하면서 올바른 관례의 시행이 필요하다고 주장했다.20) 1587년 8월 9일에 치러진 권현의 관례는 『가례』에 따라 빈賓을 모시고 세 번 관을 씌우는 삼가례三加禮의 방식으로, 혼례와 무관하게 치러졌다.21) 혼례는 반드시 상대 집안과의 의견조율이 필요한 만큼 독단적으로 원칙만 강요할 수는 없었을 것이다. 반면 관례는 자기 집안만의 의례였으므로, 예의 원칙을 그대로 실천했음을 알 수 있다.

한편 권문해가 누이의 자식들을 친자식처럼 아꼈다고 하더라고 생질녀의 혼인이 권문해의 부임지에서 행해졌다는 것은 매우 흥미롭다. 신부가 머물고 있는 곳이라면 장인의 집이 아니라도 혼례의 공간이 될 수 있고, '여가女家'의 범위는 신부의 부계만이 아닌 모계까지 포함된다는 점을 알 수 있다. 물론 권문해가 고을 수령으로 누렸던 경제적 여유도 이러한 선택에 중요한 역할을 했을 것으로 보인다.

1584년 3월 19일에는 생질 김지가 평강채씨 채운경蔡雲慶의 딸과 혼

---

20) 『草澗集』, 「草澗先生年譜」. "十五年丁亥 … 七月. 冠從子【鉉】, 行三加禮 【時從子主簿公已長成, 先生曰, 今世士大夫, 一切廢古禮, 生子娶婦, 秪臨時加冠, 殊非古人二十冠, 三十有室之義也, 遂行三加, 金沙潭爲之賓】."; 18세기 영남사족 권상일의 『청대일기』에도 관례는 혼례가 정해진 이후에 행해지는 경우가 일반적이었다(김소은, 앞의 논문, 217쪽).
21) 『초간일기』에는 8월 9일인데, 연보에는 7월로 되어 있다.

례를 치렀다. 권문해는 김지를 데리고 18일에 출발해 19일에 예안현에 도착했다. 김지의 삼촌인 김극일金克一이 먼저 와서 기다리고 있었고 예안 수령 곽회근이 요객을 대동하고 들어왔다. 3월 25일에 김지가 예안에서 돌아오자 외할머니 동래정씨는 하인들에게 술과 안주를 마련해주었다. 역시 남귀여가혼 방식으로 신랑이 신부집을 오가며 생활했다. 1588년 4월 8일에는 권문연의 장남인 조카 권건權鍵이 풍기의 영천이씨 이극승李克承의 집으로 장가를 들었고, 박수성 등이 요객으로 갔다. 『죽소부군일기』에는 1626년 11월 21일에 권건의 아들 권극여權克輿가 진성이씨 이존성李存性의 딸과 혼례를 치렀다. 권별이 요객으로 갔고 다음날 술에 취한 채 집으로 돌아왔다. 11월 26일 권극여가 돌아와 만나보았다는 기록이 있다.

이렇게 16~17세기의 혼례는 남귀여가혼이 중심이었음을 확인할 수 있다. 그러나 신부가 시집으로 들어가는 신행新行의 시기와 형태는 매우 다양했음을 알 수 있다. 권문해의 전처 현풍곽씨는 홀어머니를 모시는 무남독녀로 사망할 때까지 친정에서 생활했다. 반면 권문해의 후처 함양박씨는 혼인한 다음해 2월부터 시집에서 생활했다. 정확한 혼례일은 알 수 없지만 곽씨 사망 후 만 1년이 되는 1583년 6월 21일 이후부터 11월 2일 사이에 혼인했을 것이고, 이후 권문해가 처가에 오고가는 기록들이 등장한다. 1584년 1월 7일에 처가의 여종이 전염병으로 죽자 함양박씨는 피우소를 옮겨 다니다가 2월 18일에 시집으로 들어와 시어머니께 현알례見謁禮를 행했다. 이에 작은 술자리를 마련하고 김복일 등 손님들이 함께 술을 마셨다. 이후로 함양박씨는 시집에서 생활했지만 권문해의 벼슬살이에 따라 대구, 서울 등으로 거주지를 이동하면서 시어머니와의 동거 기간은 길지 않았다. 권건의 처 영천이씨는 1588년 4월 8일에 혼인해 같은 해 10월 6일에 시백부인 권문해를 뵈러 대구부에 왔고 권문해는 잔치를 베풀어 대접했다. 이처럼 신행의 시기가 빨라지는 경향을 살펴볼 수 있다.

『죽소부군일기』에 의하면 당시 큰누나는 광산김씨 세거지인 오천에, 작은누나는 순천김씨 세거지인 우곡에 살고 있었다. 또한 권별의 처인 안동권씨 역시 예천에 거주했던 만큼 부계夫系 중심의 거주방식이 보다 강화되고 있었다. 가묘를 중심으로 부계친 중심의 의례 실천이 확대되는 경향 속에서 이러한 변화는 필수적인 것이었다. 그러나 부계 거주가 반드시 부계친과 동거하는 시집살이를 의미하지는 않은 것처럼 보인다. 오천누님은 남편의 형제들과 독립적으로 거주했고22), 권별의 어머니 함양박씨는 아들 가족과 별도로 우곡에서 생활하고 있었다.23) 부계 거주의 경향 속에서도 여성은 여전히 균분상속을 통한 경제력을 유지하고 있었으므로, 개별적인 주거와 생활이 가능한 형태였던 것으로 생각된다.

또한 부계 거주지로 일찍 신행한 후에는 친정으로의 잦은 근행이 이루어졌다. 권별 처 안동권씨는 1625년 9월 4일에 유곡으로 갔다가 18일에 돌아왔다. 또한 권별의 누나들도 근행해 한 달여를 머물렀다. 우곡누님 역시 1625년 9월 3일에 와서 10월 2일에 돌아갔고, 오천누님은 10월 20일 근행했다가 병으로 친정에서 사망했다. 권별 역시 누나들의 집을 자주 방문하면서 충분한 왕래가 이루어지고 있었다. 남귀여가혼이 유지되면서도 거주 관행은 처가 중심에서 부계친 중심으로 변화하는 과도기적 양상을 보이고 있다. 동시에 이 과정은 매우 온건하고 점진적으로

---

22) 김광보의 큰형 김광계의 『매원일기』에는 '제가弟家', '이도가以道家' 라고 해 거주가 독립되었음을 확인할 수 있다(『매원일기』 1625년 11월 26일).
23) 『죽소부군일기』 1625년 2월 10일, 4월 7일.

진행되었다고 할 수 있다.

4. 『가례』 중심의 상례와 변용

1) 여성의 상장례와 친족 관념

일기 속의 상장례는 죽음과 함께하는 삶과 일상을 보여준다. 일기에는 거의 매년 여러 친인척의 죽음과 상장례에 대한 기록이 나온다. 『초간일기』에는 권문해의 처 현풍곽씨의 상장례에 대한 기록이 가장 자세하다. 권문해는 남편으로서 아내의 상장례를 주관했다. 곽씨는 친정인 상주에서 생활하다가 사망했고, 친정에서 상례 절차가 이루어졌다. 권문해는 1582년 6월 15일에 아내 병세가 심각하다는 소식을 듣고 상주로 출발했다. 증상이 악화되자 6월 20일에는 관을 제작하기에 이르렀다. 6월 21일 저녁에 사망하자 바로 염습斂襲을 했다. 6월 22일에 소렴小殮을 하고 밤 2경이 되어 입관했으며, 23일 오시에 빈소를 차렸다. 4일째인 24일 아침에 성복을 했고 친척과 친구들이 찾아와 조문했다. 이처럼 상례는 기본적으로 『가례』의 절차에 따라 진행되었다.24)

24) 『가례』의 상례 절차를 간단히 정리하자면, 사망한 당일에는 영혼을 부르는 복復을 하고, 바로 시신을 목욕시키고 수의를 입히는 습襲을 한다. 다음날인 2일째는 시신을 싸서 묶는 소렴, 3일째는 시신을 한 번 더 싸서 입관하는 대렴을 하고 4일째 오복제도五服制度에 따라 성복成服한다. 이후 조석곡전朝夕哭奠과 조문弔問이 진행되고, 3달 만에 장사지내는데 미리 치장治葬해 준비를 마친다. 발인해 매장한 후에는 바로 혼령을 모시고 집으로 돌아오는 반곡反哭을 하고, 혼령을 안정시키는 우제虞祭를 3차에 걸쳐 행한다. 삼우제 뒤 강일剛日에 무시곡無時哭을 그치는 졸곡제卒哭祭를 하고, 다음날 신주를 사당에 모시는 부제祔祭를 지낸다. 이후 상기에 따라 소상小祥, 대상大祥, 담제禫祭를 지내는데 3년상일 경우 각각 13개월, 25개

곽씨를 위한 상복은 당시의 입후와 처의 상복에 대한 예학적 인식을 보여준다. 먼저, 곽씨는 후사가 없었으므로 양사養嗣인 권현이 제복심의祭服深衣를 갖추어 입었다. 권현은 당시 12세로 나이가 어리기 때문에 상복이 아닌 심의를 입었지만25) 계후자로 간주되고 있었다. 권문해는 곽씨를 위한 만사輓詞에서 "아우의 차남 권현을 후사로 삼아 어렸을 적부터 친자식처럼 키웠으니, 권현이 최마복衰麻服을 입고 영좌靈座를 지키며 이후에 제사를 받들고 후손을 남길 것"으로 여겼다.26) 곽씨는 자식없이 사망했기 때문에 조선전기의 혈연 중심 관행으로 본다면 곽씨의 재산과 제사는 친정의 후손이 담당할 수 있었다.27) 그러나 곽씨가 남편의 조카인 권현을 후사로 삼았다는 것은 자신의 재산과 제사가 혈연과 상관없이 부계夫系로 이어지도록 결정한 것이라고 할 수 있다.

그런데 권문해가 재취해 친아들 권별이 태어나면서 권현의 계후자로서의 지위는 상실되었다. 대신 권현은 시양자로 간주되어 권문해 재산의 일부를 상속받았다.28) 이렇게 입후 후 친아들이 태어나는 사례는 매우

월, 27개월에 행하고 상을 마친다.
25) 『통전』에는 "아버지의 후사가 되어 종묘의 중책을 맡은 자는 심의를 입는데, 나머지는 성인成人과 같다. …… 미성인을 위한 상복을 제정하지 않은 것은 마음씀씀이가 전일하지 못하기 때문"이라고 해 미성년의 경우 상복 대신 심의를 입는 것을 인정했다(『常變通攷』 권9, 「喪禮成服童子喪服」).
26) 『초간일기』 1582년 10월 20일. "挽亡室淑人郭氏. … 弟有二子, 取一爲嗣, 君多撫育, 無異出己. 今知讀書, 年已十二, 使之服衰, 侍君靈几, 勿謂寂寞. 無子有子, 日望成長, 有婦有孫, 奉君香火, 期垂後昆."
27) 자식 없이 사망한 무자녀망처의 재산상속과 봉사권을 둘러싼 논쟁은 1583년 이함-김사원의 소송을 통해 살펴볼 수 있다(문숙자, 2004, 『조선시대 재산상속과 가족』, 경인문화사). 이 소송은 친조카보다 혈연 관계 없는 남편의 아들이 의자義子로서 갖는 권리를 인정해준 것으로, 종법 질서의 강화를 의미하며 후사 없는 여성들이 부계친夫系親을 입후하는데 중요한 계기가 되었을 것이다.
28) 『草澗集』, 「附錄遺墨」. "鉉受襁褓生長, 不可視同他姪, 以侍養施行. 纔經其父三年, 未及成婚,

빈번했다. 처가 먼저 사망하면 당장 안타까운 마음에 입후를 하고 상복을 입게 하지만 이후 재취해 친아들을 얻는 경우가 많았기 때문이다.29) 따라서 친생자와 계후자의 지위 문제를 둘러싼 논의들이 이루어졌는데, 율곡 이이는 한번 부자의 의리가 정해지면 친아들과 차이가 없으므로 계후자를 장자로, 친생자를 중자로 삼아야 한다고 주장했다. 실제로 최명길은 입후 후 친아들이 태어났음에도 계후자를 장자로 인정했다.30) 그러나 여전히 친생자가 태어나면 계후자를 파계罷繼하는 사례가 많았고, 이와 관련된 논쟁들이 지속되었다.

권문해는 곽씨를 위해 상장喪杖을 짚지 않고 1년간 상복을 입는 부장기不杖朞를 했다. 그는 어머니가 생존해 계시므로 상장을 짚지 않았다고 설명했는데, 이것은 『가례』, 「부주」의 "부모가 살아있을 경우 처를 위해 부장기복을 입는다"31)는 설을 따른 것이다. 그런데 『가례』 본문에는 부모의 생존 여부와 상관없이 처를 위해 상장을 짚는 1년복인 장기杖朞를 하도록 되어 있고, 『예기』, 「상복」에는 부가 생존했을 경우에만 부장기를 하는 것으로 되어 있다. 이러한 차이로 인해 어머니만 살아계실 경우 처상을 압굴壓屈해 부장기로 낮출 수 있는가에 대해 논란이 발생했다. 사

誠矜痛, 土田奴婢別給之."
29) 이러한 문제는 18세기에도 이어지는데, 다산 정약용은 입후는 아버지가 사망하고 나서 '후後'를 세우는 것으로 생시에 입후하는 것이 모든 병폐의 시작이라고 비판했다. 처가 먼저 사망하면 후사 없음을 안타까워 해 입후를 하고 아들로서 상복을 입게 하는 것이다. 그런데 이후 재취해 아들을 낳은 경우 계후자를 돌려보내고자 하면 상복을 돌이킬 수 없고, 그냥 두고자 하면 모자 형제 사이에 간극이 생긴다고 보았다(『與猶堂全書』 권3-1-11, 「喪禮四箋 喪期別六出後九【死而后立後】」).
30) 『常變通攷』 권1, 「通禮宗法立後後生子」. "問, 立後後生子, 奉祀 當付何子? 栗谷曰, 爲人後者, 父子之倫, 已定. 與親子, 無毫髮之殊, 當以兄弟之序, 定其奉祀 …… ○仁祖朝, 完城君崔鳴吉, 繼後後, 已生子, 請從胡文定故事, 以繼後子爲長子, 允之."
31) 『家禮』 권3, 「喪禮成服」. "杖朞. …… 夫爲妻也. …… 其義服當添一條, 父母在則爲妻不杖也."

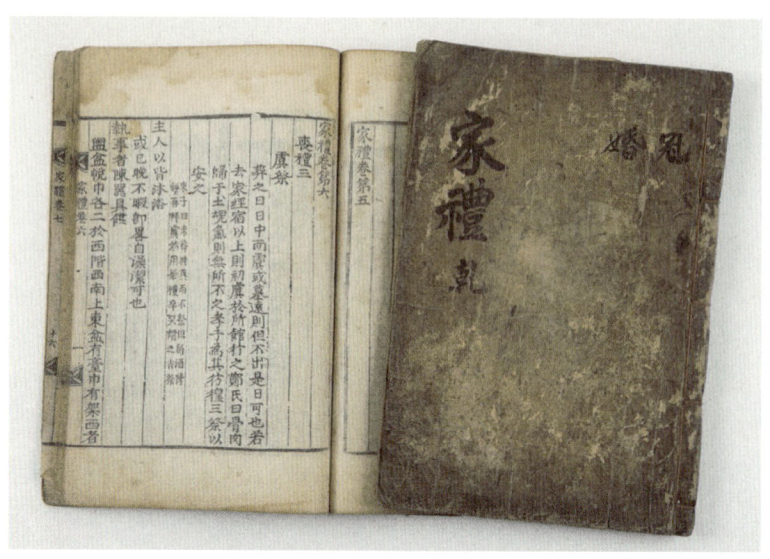
가례

계 김장생은 이러한 문제를 지적하면서 "아버지가 죽고 어머니만 살아있을 경우에는 상장을 짚는 것이 옳을 듯하다"는 입장을 밝혔다. 반면 『가례』에 따라 부모 생존과 상관없이 상장을 짚어야 한다는 주장도 있는 만큼 논란이 계속되었다.32) 권문해는 『가례』에 따라 상례를 행했지만 세부적인 모순과 논쟁에 대해서는 아직 주목하지 못하는 모습을 보여준다.

이후 권문해는 상주와 예천을 오가며 아내의 장례를 준비하기 시작했다. 외관으로 사용할 판은 풍기태수의 도움으로 마련해 운반했다.33) 9월 7일에는 상주에서 상여의 긴 틀을 깎게 하고, 다시 집으로 돌아와

---

32) 『家禮增解』 권7, 「喪禮成服」, "備要, 按喪服註, 父在則不杖, 以父爲之主也. …… 父沒母在, 似當杖. 更詳之. …… ○陶菴曰, 雜記有父在爲妻不杖之文, 而家禮不論父在父亡, 通爲杖期, 當以家禮爲正."
33) 『초간일기』, 1582년 8월 25일~28일.

10일에 개토제開土祭와 참초제斬草祭를 지냈다.34) 20일에 산역山役을 시작했는데, 권문해는 아픈 몸을 다스리며 진행을 감독했다. 28일에는 금정金井틀을 놓고 광을 파기 시작했는데, 땅 속이 모두 돌로 되어 있어 10월 3일에야 비로서 일을 마치고 곽을 내려 회를 다졌다. 10월 4일에 다시 반분半墳을 만들고 위아래 축대 쌓는 것까지 해산역이 마무리되었다.

이렇게 장례 준비를 마친 후 10월 8일에 비로소 발인을 했다. 하루 전에 빈소를 헐고 널을 청사廳事로 옮겨 상여가 떠날 때가 되었음을 알리는 조전祖奠을 행했다. 발인 시에 상여꾼이 모자라 족친들의 노복을 모아 출발했는데, 역시 상여꾼이 부족해 11일에야 겨우 용문의 산소에 도착했다. 권문해는 발인 전부터 미리 용궁과 함창의 수령에게 상여꾼을 빌렸는데, 상주 수령에게는 억지로 50명을 얻어 내는 등 곤란을 겪었다. 권문해 정도의 명망 있는 사족에게도 상여꾼을 구하는 일이 결코 쉽지 않았음을 알 수 있다. 상여가 가는 도중에 친척과 친구들이 찾아와 제물을 갖추어 전奠을 올렸는데, 역시 『가례』의 절차를 따른 것이다.35)

13일에 장례를 치렀고, 곧바로 반혼이 이루어졌다. 신주를 모시고 집으로 돌아와 초우제初虞祭를 지내고, 15일에는 재우제再虞祭를 지냈다. 이날 첩과 서모가 비복들을 데리고 무덤에 올라가 제사를 지내고 마을 사람들에게 음식을 나누어 먹이는 안묘제安墓祭를 행했다. 이러한 안묘제는 『가례』에는 없는 것으로, 시속時俗에 따른 관행이라 할 수 있었다.36) 10월 16일에 삼우제三虞祭를 지내고 18일에는 졸곡제卒哭祭를 지냈다. 졸

---

34) 개토제와 참초제는 묏자리를 정해 땅을 처음 팔 때 토지 신에게 올리는 제사이다. 『가례』에 나오는 용어는 아니지만 「喪禮治葬」, '擇日開塋域祠后土' 항목에 해당되는 절차로 인식되었다(『世宗實錄』, 세종 1년, 12월 7일).
35) 『家禮』 권3, 「喪禮發引」. "親賓設幄於郭外道旁, 駐柩而奠."
36) 『초간일기』, 1582년 10월 15일. "副家及庶母, 率婢僕等, 上塚行祭, 兼饋洞人, 俗號安墓祭."

곡제 다음날인 19일에는 신주를 가묘에 봉안하는 부묘제祔廟祭를 지냈다. 망처亡妻를 부묘하는 것은 『가례』를 준수한 것인데, 망처의 부묘 문제에 대해서는 서로 다른 견해들이 있었다. 이황은 망처를 부묘하면 남편이 사당에서 절하고 무릎 꿇으며 예를 행할 때 편안하지 못한 바가 있으므로 별실에 따로 신주를 보관하는 것이 좋다고 보았다.37) 또한 망처를 부묘하면 사망한 남편 형제들과 같은 감실龕室에 들어가게 되는 것이 불편하다는 문제가 지적되기도 했다. 그러나 김장생은 『가례』의 원칙대로 부묘하는 것이 옳다고 보았고38), 권문해도 이와 같은 입장이었다.

11월 4일 권문해는 상주의 장모를 찾아뵈었는데, 장모가 마음 아파해 음식을 먹지 못하자 차마 돌아오지 못하고 10여일을 머물렀다. 권문해는 아내를 위한 만사에서 용문에 매장해 곽씨의 선산과 멀어진 것을 너무 애달파하지 말라고 위로했다.39) 삼종의 의리에 따르기 위해 예천 권씨의 선산에 매장했지만 상주와 예천이 멀지 않아 혼은 왕래할 수 있다는 것이었다. 이러한 입장은 장지를 정할 때도 본가에 대한 지향이 있었음을 의미한다. 현풍곽씨는 생전에 친정에서 살았지만 사망 후에는 남편의 선산에 묻혔다. 반면 권문해의 딸인 김광보의 처는 남편의 거주지인 예안 오천에서 생활했지만 친정에서 사망했고 예천권씨 용문선산에 장지가 마련되었다.

37) 『退溪集』 권32, 「答禹景善」. "妻喪, 高氏別室藏主之說, 先儒非之, 固依禮文而云也. 滉所以云云者, 夫尙主祭, 如設酒果等時, 夫拜跪庭下, 而妻祔祖妣龕, 有所未安. 權藏別室, 恐未爲大失故耳. 如何如何."
38) 『常變通攷』 권1, 「通禮祠堂·兄弟嫂妻並祔一室」. "問解, 問, …… 但主人有亡妻, 旣祔于祖妣, 又有兄弟祔于祖考, 則是爲嫂叔, 同入一室, 雖東西異坐, 以生人言之, 則畢竟未安. …… 答, 所引諸條, 果不同. 然前數說, 似是定論. 惟當祔於祖先, 雖嫂叔, 同龕, 何嫌之有?"
39) 『초간일기』, 1582년 10월 20일. "挽亡室淑人郭氏, …… 遠隔先壟, 勿以玆情, 三從之義, 無間幽明, 商襄不遠, 魂必來往."

김광보의 처의 상장례는 『죽소부군일기』에 기록되어 있다. 그녀는 근행 온 한 달 만인 11월 28일 발병했는데, 병세가 계속 심해지자 돌림병이 의심되기도 했다. 이후 한 달 동안 병을 앓으면서도 오천으로 돌아가지 않은 것은 병세와 거리상의 문제일 수도 있지만 친정을 본가로 생각하는 관념에서 가능했을 것이다. 반면 권별은 우곡누님 집에서 병에 걸리자 위중함을 무릅쓰고 집으로 돌아오고자 시도했다는 점에서 차이가 엿보인다.40)

12월 27일에 누님의 병세가 위중해지자 권별은 관판을 사러 다녔고, 돌아오는 길에 부음을 듣고 통곡했다. 28일에 소렴을 했고, 29일에 고인의 아들인 김석金碩41)이 도착했다. 『가례』에 따르면 대렴일은 소렴한 다음날, 즉 사망일로부터 3일째인 29일에 해당되지만 관을 만들지 못해 30일에도 대렴을 하지 못했다. 1626년 1월 1일에 비로서 대렴을 마치고 입관해 빈소를 차리고 성복을 했다. 『가례』에 따르면 성복은 대렴의 다음날이지만 대렴이 늦어지면서 같은 날 성복한 것으로 보인다.

성복 이후 권별은 장례 준비에 앞장섰다. 1월 6일 용문 남산에 김맹준을 보내 지남철을 놓고 방위를 점친 후 그곳을 묏자리로 정했다. 23일에는 혈을 점지했고 29일부터 외곽을 만들기 위한 판자를 마련했는데, 2월 1일에 마무리되었다. 6일에는 김광보와 함께 회灰를 준비하고, 9일에 산역을 시작해 19일에 금정을 팠다. 23일 새벽에 발인해 오시에 하관했고, 24일에 재우제를 지냈다.42) 25일에는 삼우제를, 그리고 27일에는

---

40) 『죽소부군일기』, 1625년 1월 7일.
41) 『죽소부군일기』에는 석아石兒, 석아碩兒로 나오는데, 개명해 족보에는 김면金恦으로 올라 있다.
42) 『죽소부군일기』에는 초우제가 기록되어 있지 않지만 재우제와 삼우제를 지낸 것으로 보아 매장한 2월 23일에 바로 반곡해 초우제를 지낸 것으로 추정할 수 있다.

졸곡제를 지냈다. 김광보의 처의 상장례는 친정에서 진행되면서 권별이 중요한 역할을 맡았다. 반면 김광보의 큰형 김광계의 『매원일기』에는 상례에 대한 서술이 매우 간략하다. 1월 1일에 성복했고, 발인에는 몸이 불편해 참석하지 못했다. 4월 27일에 묘소를 찾아본 것으로 끝이 날만큼 부계夫系의 역할이 제한적으로 나타난다. 권별은 1626년 12월 27일에 소상을 치르고 상복을 벗었는데, 『가례』에 따라 부장기를 행한 것으로 보인다.

그 외 권문연의 처(1584년 4월 3일), 생질녀 최현의 처(1587년 2월 12일), 전 빙모(1589년 6월 24일) 등이 사망했다. 권문해는 친자식같이 생각했던 생질녀의 죽음에 매우 가슴아파하면서 외관으로 쓸 판자와 소상에 쓸 제물을 갖추어 보냈고, 대상에는 직접 참여했다.43) 한편 전처 곽씨가 사망하고 재취한 이후에도 전 빙모에게 은어를 구해 보내는 등 계속 봉양했다.44) 위중하다는 연락을 받고는 상주로 내려가 염습, 입관, 성빈을 하고 성복했다. 그리고 장례를 위한 산역을 감독하면서 사위로서의 의리를 다했다.45)

2) 상장례의 차등과 변용

1583년 11월 21일에는 김복일의 아들인 생질 김숙金潚이 18세의 나이로 사망했다.46) 권문해는 김숙이 12세에 모친상과 조부상을 연달아

---

43) 『초간일기』, 1587년 10월 4일; 1588년 2월 10일; 1589년 2월 11일.
44) 『초간일기』, 1589년 6월 20일.
45) 『초간일기』, 1589년 6월 23일~26일, 8월 21일~24일.
46) 김숙의 관례冠禮 여부는 확인할 수 없지만 미혼 상태로 16~19세 사이에 사망한 장상長殤에 해당된다(『常變通攷』 권11, 「喪禮三殤服」).

당하면서 4여 년 동안 상복을 입은 까닭에 병을 얻어 결국 사망하게 되었다고 슬퍼했다. 21일 밤에 염습하고, 22일에 관을 마련해 다음날 입관했다. 그리고 사망한지 4일 만인 24일에 성복했다.

장례는 7일 만인 27일에 치러졌는데, 어머니 예천권씨의 산소 뒤로 묏자리를 잡았다.47) 7일장은 다른 장례에 비해 매우 빠른 것으로, 미성년으로 사망했기 때문으로 보인다. 25~26일에 걸쳐 광을 팠는데, 나이가 어리기 때문에 사토沙土만 사용하고 석회는 사용하지 않았다. 27일 새벽에 발인해 사시에 매장했다. '수재김공신주秀才金公神主'48)로 제주題主하고 저녁에 반혼해 초우제를 지냈다. 29일에 묘소에서 재우제를 지내고, 30일 신주 앞에서 삼우제를 지냈다. 권문해는 친가와 별도로 떡과 과일을 준비해 묘소에서 제사를 지냈다. 그리고 12월 2일에 졸곡제를 지냈다.

1587년 10월 12일에는 딸 달아가 두창으로 사망했다. 10월 7일에 통증이 시작된 아이는 10월 11일에 좁쌀 같은 병증이 시작되었고 다음날인 12일에 사망했다. 권문해는 딸의 죽음을 인정하지 못하고 13일에 옛 병장기를 모아둔 곳에 딸의 시신을 옮겨놓고 혹시나 깨어나기를 기다리기도 했다. 한 달 후인 11월 12일에 상여가 나간 것으로 달아의 상장례에 대한 기록은 끝난다. 달아의 나이는 확인할 수 없지만 7세 이하로서 상복을 입지 않는 경우에 해당되므로 상장례에 대한 기록은 소략하다. 그러나 딸을 잃은 권문해는 병장病狀을 올리고 공무를 보지 못할 정도로 크게 상심했다. 다음해 10월 12일에 권문해는 출근하지 않고 온 집안이 소

---

47) 권문해의 누이 예천권씨의 묘소는 증조부모 묘소가 있는 제동堤洞에 있었다.
48) 벼슬 없이 사망한 사족은 대부분 '학생모學生某'로 제주하는데, 김숙은 미성년이므로 '수재秀才'로 제주한 것으로 보인다(『寒岡集』 권6, 「答問」. "殤又不可以有封, 男子則當書曰秀才某郡某公神主, 女子則當書曰某郡某氏乎, 不敢的知").

식素食하며 아이의 죽음을 슬퍼했고, 1589년 10월 12일에도 소식하며 술을 마시지 않았다.

　1589년 5월 18일에는 아우 권문연이 사망했다. 당일 저녁에 염습해 19일에 입관했고, 20일에 빈소를 차리고 21일에 성복했다. 권문해는 대구 부임지를 오가며 바쁘게 장례를 준비했다. 9월 24일에 용문의 산소에 묏자리를 살폈는데, 사노私奴 산립과 갈등이 생겨 조부의 묘소가 있는 화장으로 옮겨 정하게 되었다. 권문해는 산립과 소송을 하려고 했으나 수령이 죄를 다스릴 뜻이 없는 것을 보고 그만 두었다. 12월 1일에는 수령에게 발인할 때의 상여꾼을 부탁했고 2일에는 화장의 장지로 들어가 재사에서 묵었다.

　12월 5일에 발인을 위해 빈소를 열어 널을 옮겨내고 조전祖奠을 행했다. 6일 새벽에 일찍 발인해 7일에 장지인 화장에 도착했다. 그런데 권문연의 장례는 장지에 빈청殯廳을 마련해 널을 옮겨놓고 본격적으로 산역을 시작했다. 일반적으로 미리 치장治葬을 마치고 발인해 바로 매장하는 방식과는 차이가 있었다. 화장은 거리가 멀었고, 묏자리 분쟁에 따라 장례일이 늦어지면서 변용된 방식으로 보인다. 이에 발인한 6일에 금정을 파기 시작하고 9일에 회격을 만들었다. 마침내 11일 새벽에 다시 발인해 제주하고 봉분을 만들어 장례를 마쳤다. 권문해는 관찰사의 행차가 들어왔다는 소식을 듣고는 장례를 다 마치지 못하고 대구부로 돌아가야만 했고, 12월 15일 졸곡제에도 참여하지 못했다.

　또한 회격을 만들 때 일반 석회대신 유회油灰를 사용하려고 한 것도 특징적이다. 유회는 물대신 오동나무 기름에 석회를 개 만든 것으로『가례』에서는 회격의 안 덮개를 만들 때 틈을 메우는 용도로 사용되었다.49) 그러나 효를 다한다는 점에서 회격을 아예 유회로 만드는 사람들이 있었는데, 이황은 가난한 자들은 행할 수 없다는 점에서 비판적으로 보았다.50) 권문연의 장례에서는 섞는 방법을 잘 알지 못해 7~8일이 지나도 회와 기름이 합쳐지지 않았으므로 결국 사용하지 못했다. 그렇지만 유회를 사용해 장례를 성대하게 치르고자 했음을 알 수 있다.

 이상의 상장례를 살펴보면, 기본적으로『가례』에 따른 염습, 소렴, 대렴, 성복이 진행되고 반혼, 우제, 졸곡의 과정이 진행되고 있었음을 알 수 있다. 물론 갑작스런 초상에 관을 구하는 것이 쉽지 않았고, 관을 갖추지 못해 대렴과 성복 일정이 늦춰지는 상황도 발생했지만『가례』의 틀에서 크게 벗어나지는 않았다. 특히 여묘살이를 하지 않고 신주를 집으로 모셔오는 반혼을 행함으로써『가례』의 철저한 시행이 가능해졌다. 권문해는 아버지 권지를 위해 3년간 여묘살이를 했는데, 이것이 '한결같이『가례』를 따른 것'으로 오인되기도 했다.51) 그러나 이후 가족들의 상례는 반혼을 중심으로 변화되었고, 17세기의 김령의『계암일록』단계에 이르면 반혼이 일반적으로 행해지게 되었다.52) 그러나 17세기 이후 예학의 발전에 따라 진행되는 정교한 예담론 단계까지는 나아가지 못했다. 또한 행례 과정에서 발생할 수밖에 없는 변수에 따라 부인의 친정에서 상례가 진행되거나 시기가 늦어지는 변용의 측면과 연령에 따른 차등의 양상을 함께 살펴볼 수 있다.

---

49)『家禮』권3,「喪禮及墓下棺祠后土題木主成墳」. "加灰隔內外盖. …… 至是加於柩上, 更以油灰彌之."
50)『退溪集』권22,「答李剛而問目·喪禮【丙寅】」. "今若用純油灰, 漸以成俗, 則貧者力不辨, 恐有緣此, 而葬不以時, 是自我開弊也. 其人遂不用."
51)『草澗集』,「草澗先生年譜」. "五年丁丑 …… 十一月. 葬參議公于郡北龍門山, 廬墓三年, 居喪, 一遵家禮."
52) 박종천, 앞의 논문, 283~284쪽.

5. 제례 공간의 확립과 실천

1) 가묘와 재사의 확립

제례 공간의 확립은 가묘家廟와 재사齋舍의 두 가지 측면에서 진행되었다. 가묘는 『가례』에 따른 의례 실천의 중심이자 조상에 대한 효를 표현하는 공간이었다. 권문해 역시 관직 생활 중에 예천을 방문할 때면 가장 먼저 가묘에 찾아가 고했다. 또한 가묘를 중심으로 정기적인 제례가 시행되는 것은 『가례』의 의례적 실천이 정착되어 가는 흐름을 보여주는 것으로 부계 중심의 의례질서로 이행할 가능성이 높아짐을 의미한다.53) 재사는 『가례』에는 등장하지 않지만 조상의 묘소에서 제사를 지내기 위해 마련된 의례 공간으로 체백體魄과 무덤을 중시하는 조선적 특성을 반영한다고 할 수 있다. 조선에는 종자와 지자가 함께하는 묘제가 성행했고, 이를 위해 재사가 만들어지면서 문중의 발전에 중요한 역할을 했다.54)

먼저 가묘는 시제時祭와 삭망참朔望參을 정기적으로 거행하는 공간으로 자리 잡아갔다. 종법 원칙을 강조하는 『가례』에 의하면 묘제를 제외한 모든 제사는 종자의 사당을 중심으로 거행되었다. 그러나 17세기까지 조선에서는 윤회봉사가 일반적이었으므로 기제사에서 가묘라는 공간의 의미는 크지 않았다. 그럼에도 『가례』가 보급되고, 가묘의 건립이 일반화되면서 시제와 삭망참이 가묘를 중심으로 이루어지는 것은 종법적 의

---

53) 박종천, 앞의 논문, 270쪽.
54) 김문택, 2005, 앞의 논문, 100쪽.

례 실천을 위한 의미 있는 전개였다.

시제는 『가례』에서 가장 중시하는 제례로 1년에 4회, 즉 2월, 5월, 8월, 11월에 사당에서 행하는 것이 원칙이었다. 조선에서는 기제가 중시되면서 시제가 행해지지 않거나 한식, 단오, 추석, 동지에 지내는 명절 제사와 혼재되어 있는 경우가 많았다. 16세기 중반의 『묵재일기』와 『미암일기』 단계까지는 이러한 양상이 그대로 드러난다.55) 『초간일기』에서 시제는 1년에 1~2회 정도 행해지고 있었다. 『가례』의 4회 시제에는 미치지 못하지만 명절 제사와는 구분해 가묘에서 이루어졌다는 점에서 의미가 있다.56) 이러한 과도기를 거쳐 17세기의 『경당일기』나 『계암일록』 단계에 이르면 1년 4회 원칙에 따라 시제가 정착되었음을 확인할 수 있다.57)

시제를 지내는 날은, 『가례』 본문에 따르면, 미리 점을 쳐 정일丁日이나 해일亥日 중에 택일했다. 반면 『가례』의 「부주」에는 맹선孟詵의 『제의祭儀』를 따라 춘분, 추분, 하지, 동지에 시제를 지낸다는 사마광의 견해가 실려 있는데, 이이의 『격몽요결』은 이 두 가지 방법을 모두 인정했다.58) 『초간일기』의 시제일은 정유, 계해 등으로 모두 정일과 해일에 해당된다는 점에서 『가례』 본문을 준수했다고 할 수 있다. 반면 권문해의 인척이던 학봉 김성일은 춘분, 추분, 하지, 동지에 시제를 지내도록 규정한 만

---

55) 송재용, 앞의 논문, 315쪽.
56) 1582년 8월 12일에 가묘에서 시제를 지냈고, 8월 15일 추석에는 용문의 선영에 가서 제사를 지냈다.
57) 우인수, 앞의 논문, 462~465쪽.
58) 『家禮增解』 권13, 「祭禮四時祭」. "要訣, 時祭用分至, 前期三日告廟, 若其日有故則退定. 不出三日, 以退定之故告廟. 或依家禮卜日, 若事故無常, 未可預定不能卜日, 則只以仲月或丁或亥之日擇定, 前期三日告廟."

큼59) 두 가지 방식이 혼용되고 있었다고 할 수 있다.

한편『죽소부군일기』에서 권별은 조부의 생신인 11월 27일에 맞추어 시제를 행하기도 했다.60) 이날은 임신일로 정일이나 해일에 해당되지 않는 만큼 권별이 특별히 조부의 생신일을 시제일로 정한 것이라고 할 수 있었다. 또한 권별의 인척이던 김령은 주자가 자신의 생일에 선친을 위한 녜제를 지낸 사례에 따라 본인의 생일날 시제를 지내기도 했다.61) 이러한 관행은 당시 생신제와 생일 의례의 성격을 통해 살펴볼 필요가 있다.

생신제는 고인의 생일을 기리는 제사로, 자손들의 효와 인정의 차원에서 행해졌다. 권문해는 상례를 치르는 경우를 제외하고 매년 선친의 생신제를 지냈다. 생신제는 예학적 근거가 없었으므로 이황이 '예가 아닌 예'로 간주한 이후 지내지 않아야 한다는 주장이 일반적이었다.62)『계암일록』에서 김령은 "선친의 생신을 맞았을 때는 잔을 올린 적이 있으나 퇴계 선생의 가르침에 따라 그만두었다"고 하면서도『주자실기朱子實記』등을 근거로 "비록 지내더라고 해로울 것은 없지만 함부로 하지 못한다"는 매우 조심스러운 입장을 취했다.63) 권별의 경우는 선친의 생신에 차례를 지냈지만 생신제라고는 언급하지 않았다. 생신제에 대한 예학적 비판에도 불구하고 인정상 생신제를 지내고자 하는 지향이 강했음을 알 수

---

59) 유영옥,「鶴峯 金誠一의 祭禮 意識과 行禮」,『한국의 철학』37, 2005, 164쪽.
60)『죽소부군일기』, 1625년 11월 27일.
61)『계암일록』, 1626년 8월 9일, 8월 10일.
62) 명나라 풍선馮善의『가례집설』에서는 살아계신 때를 형상하는 의미에서 생신제를 인정했는데, 이황은 '비례지례非禮之禮'로 비판했고 김장생과 정경세도 동의했다(『常變通攷』권 25,「祭禮忌日·生辰祭」).
63)『계암일록』, 1638년 4월 8일.

있다.

조상의 생신제와는 달리 자손의 생일에도 부모를 사모하는 차원에서 의식이 이루어졌다. 권문해는 자신의 생일이면 가묘에 떡과 술을 올려 제사를 지냈다.64) 이러한 사례는 『계암일록』에도 나타나는데, 김령은 자기 생일날 떡과 음식을 마련해 가묘에 잔을 올리는 의식을 행했다.65) 이처럼 자기 생일에 조상을 사모하고 감사하는 마음을 표현하는 의식이 가묘를 중심으로 이루어지면서 가묘가 갖는 의례 공간으로서의 위상이 강화되고 있었다.

또한 매달 1일과 15일에는 『가례』에 따라 가묘에서 삭망참을 시행했다. 『초간일기』에는 삭망참을 '차례茶禮'나 '차례제茶禮祭'로 표현하고 있는데, 『계암일록』에서 주로 '참례參禮'나 '천례薦禮'라고 표현하는 것과 차이를 보인다.66) 권문해는 공주목사 재임 시에는 가묘가 예천 본가에 있었으므로 "비록 가묘에서 지내는 것은 아니"라는 점을 안타까워하면서도 그냥 지나칠 수 없어 밀떡을 차리고 술 한 잔 올리는 방식으로 차례를 지냈다.67) 예천으로 돌아온 시기에는 철저하게 가묘에서 삭망의 차례를 시행했다. 대구부사 재임 시에도 매달 규칙적으로 차례를 기록했다.68)

---

64) 『초간일기』, 1582년 7월 24일; 1587년 7월 24; 1588년 7월 24.
65) 『계암일록』, 1607년 8월 10일; 1608년 8년 10일; 전염병 등 우환이 있는 경우를 제외하고 매년 시행되었다.
66) 오늘날 익숙하게 사용되는 '차례'는 실제 『가례』에 나오지 않는 용어이고, 『사례편람』에서는 "차는 중국에서 쓰는 것이고 우리나라 풍속에서는 쓰지 않기 때문에 차를 준비하거나 차를 따른다는 내용은 모두 삭제한다"고 밝혔다. 그럼에도 불구하고 조선에서 '차례'라는 용어가 활용된 것에 대해 차례는 조선 전기 왕실에서 간소하게 지내는 소사小祀의 의미로 사용되기 시작해 16세기에 사가로 확대되었다는 연구가 있다(정영선, 「조선 왕실 祭祀茶禮의 禮制 성립과 그 배경에 관한 고찰」, 『유교사상연구』 25, 2006).
67) 『초간일기』, 1580년 12월 1일.
68) 이 시기에는 가묘를 굳이 언급하지는 않았지만 대구부에 가묘를 옮겨갔기 때문에 삭망

대부분의 경우에는 직접 주재했지만 상중이거나 몸이 불편할 때는 아우 권문연이나 조카 권현이 대행한 경우도 많았다.69) 때로는 약례로 거행 했는데, 몸이 불편하거나 다음날 시제를 지내는 경우에 이에 해당되었 다.70) 그리고 집안에 역병이 번지기 시작할 때는 가묘에서 차례를 지내 지 않았다.71)

반면 권별은 삭망참에 대해 기록하지 않았고, 시제도 11월에 1회만 시행했다. 17세기의 다른 일기류 자료와만 비교할 때 『죽소부군일기』는 매우 소략하고 병록의 성격을 강하게 띠고 있다. 이러한 일기의 특성을 고려하면 권별이 동시대 영남 사족에 비해 의례 생활에 불철저했다고 단 언하기에는 어려움이 있다.

〈표 2〉 가묘 중심의 제례

	時祭	朔(월)	望(월)	生辰祭 (11.27)
1580		12	11, 12	○
1581		3, 4, 11, 12	3, 8, 10	○
1582	8월 12일(정유)	6, 7, 8, 9	4, 6, 7[문연]	결
1583			6, (결) 12	-김숙상
1584	2월 20일(정묘)	1(용문대제) 2, 3, 4, 5	1, 2 (1584년 8월~ 1587년 6월 결)	결
1587	8월 6일(계해)	7, 8, 9, 10, 11, 12	7, 9, 11, 12	○
1588	2월 24일(정축) 8월 16일(정유)	1(용문대제), 2, 3[현], 4(약례), 5[현], 6, 윤6, 7, 10, 11, 12	2, 3, 4(약례), 5[현], 6, 윤6, 7, 8(약례), 11, 12	○

참도 가묘에서 행해진 것으로 보아야 할 것이다(『초간일기』, 1588년 5월 5일).
69) 『초간일기』, 1582년 7월 15일.
70) 『초간일기』, 1588년 8월 15일.
71) 『초간일기』, 1582년 2월 15일.

1589	-	1, 2, 3	1, 3, 4	-권문연상
1590	-	-	-	결
1591	-	-	-	결
1925	11.27(임신)	-	-	○ (7. 24)
1626	11.28(정유)	-	-	-

※ 일기가 결락된 경우는 '결', 일기에 기록이 없을 경우는 '-', 장소와 담당자는 []으로 표시했다. ○는 주관, △는 주관하지 않은 경우이다. 뒤 표의 경우도 동일하다.

다음으로 재사 역시 제례 공간으로 정착되었다. 재사는 기본적으로 배소拜掃와 묘소 제사를 위한 공간으로, 묘소를 중시하는 조선의 풍속으로 인해 적극 활용되었다. 또한 제례 공간으로 인식되면서 전염병과 자연재해 등의 이유로 집에서 제사를 지낼 수 없을 때는 재사에서 기제사를 지내기도 했다. 반대로 재사를 관리하는 승려가 전염병에 걸렸을 때는 묘소 제사를 집에서 지내기도 했다.

권문해의 집안에서는 1583년 이전에 이미 증조부모의 묘소에 제동 재사를 지냈고, 조부 묘소인 화장에도 재사가 마련되어 있었다. 권문해는 아버지 권지가 사망한 지 11년만인 1588년에 비로소 선친 묘소가 있는 용문동에 재사를 건립하게 되었다. 9월 13일에 용문사의 승려 세준이 책임을 맡아 재사를 짓기로 했고, 재목이 갖추어지자 아우와 함께 터를 정했다. 용문재사의 건립과 관리는 승려가 담당했는데, 이러한 승려 중심의 재사 운영은 진성이씨 가문도 동일한 만큼 당시의 관행으로 볼 수 있다.[72] 1589년 8월 14일에는 재사가 거의 완성되어 기와를 덮었는데, 권문해가 이 과정을 직접 감독하기도 했다. 이렇게 건립된 용문재사는 수차

---

72) 김문택, 앞의 논문, 104~105쪽, 2003.

례의 소실과 중건을 거듭하면서 예천권씨 문중의 제례 공간으로 활용되었다.73)

제례 공간으로 가묘와 재사가 자리 잡으면서 가묘를 중심으로 하는 시제와 삭망참, 재사를 중심으로 하는 4명절 제사가 이루어지게 되었다. 제사는 상장례나 전염병 등에 크게 영향을 받아 자제들이 대신 지내거나 약례로 행하기도 했다. 그러나 가묘에서 정기적인 제례가 이루어지고, 조상의 묘소가 있는 재사에서 문중이 결속하는 것은 부계친 중심의 의례 실천에 중요한 계기가 되었을 것이다.

2) 기제와 묘제의 유행

17세기 조선에서 이루어진 4대봉사의 실천은 『가례』에 대한 이해와 종법 인식의 진전을 보여주는 것이었다. 16세기의 『묵재일기』와 『미암일기』에는 2대 봉사 내지 3대 봉사가 나타나는 반면 17세기의 『계암일록』, 『경당일기』 등에는 4대 봉사가 확립되어 있다. 그것들의 과도기로서의 『초간일기』에서는 3대 봉사가 이루어지고 있었다. 또한 당시의 상속 관행인 균분 상속과 결부되어 윤회봉사 원칙이 유지되었다. 권문해의 어머니 동래정씨는 자식들에게 재산을 나누어주는 허여문기를 작성하면서 제사의 윤회를 당부했고74), 권문해도 유언으로 균분 상속과 윤회봉사를 부탁했다.75)

---

73) 『琴棲遺集』 권4, 「龍門齋舍記」.
74) 이수건 편, 앞의 책, 172쪽. "祭位田各別抽出, 後錄爲去乎, 後孫等, 以所收之穀 輪回祭祀."
75) 『草澗集』, 「附錄遺墨」. "吾之家事, 皆在下家, 三年之後, 不分彼此, 所措備──分上, 平均用之. 祭祀兩家相分行之, 無相資同, 力措備可也."

권문해의 조부 권오상은 권선의 5남이었으므로 권문해는 조부 권오상과 부 권지를 잇는 계조지종繼祖之宗의 종자였다. 종법의 원칙에 따르면 권문해는 증조 이상을 봉사할 권한을 갖지 못하지만 조선의 윤회봉사 관행에 따라 증조부모에 대해 제사를 지냈다고 볼 수 있다. 그러나 고조부모의 제사에 대한 언급이 없는 점에서 권문해는 『경국대전』에 따른 3대 봉사를 지향한 것으로 보인다.76) 또한 『대동운부군옥』에서 '제삼대祭三代'를 표제어로 정한 것도 이러한 입장을 반영한 것이라고 할 수 있다.77) 이황을 중심으로 이미 『가례』에 따른 4대 봉사 논의가 시작되었지만 권문해는 여전히 3대 봉사 원칙을 실천하려고 했던 것으로 생각된다.78)

증조부의 기제는 2회 기록되었는데, 1582년에는 아픈 권문해를 대신해 권문연이 서얼들을 데리고 가서 지냈고 1588년에는 권현이 관아에서 대신 지냈다. 증조모의 기제 역시 2회 기록되었는데, 1580년에는 기일이라고만 할뿐 제사를 지냈다는 언급은 없고 1583년에는 묘소가 있는 제동의 재사에서 기제를 지냈다. 집안에 연고가 있으며 재사에서 기제를 지내는 것은 이황도 인정했던 만큼79) 관행적으로 행해지고 있었다.

---

76) 『經國大典』 권3, 「禮典·奉祀」. "文武官六品以上, 祭三代, 七品以下, 祭二代, 庶人則只祭考妣."
77) 『大東韻府群玉』 권14, 「代祭三代」. "麗末, 家廟制大毁, 尹龜晋棄官退居, 立家廟, 朔望俗節四仲月(祭三代), 一依文公家禮"(勝覽). 3대를 제사하는 것은 『주자가례』의 4대 봉사에 어긋나지만 가묘를 세우고 삭망, 속절, 사중월 시제를 지낸다는 점에서 '일의문공가례一依文公家禮'라고 표현하고 있다. '일의문공가례'는 조선 전기에 일종의 관용적인 표현으로 사용되었을 뿐 『주자가례』의 완전한 실천이라고 보기는 어렵다.
78) 이러한 인식이 17세기의 『죽소부군일기』를 통해 어떻게 변화했는가는 매우 중요한 문제이다. 그러나 『죽소부군일기』 자체가 병록의 성격으로 인해 매우 소략하고 2년 분량에 불과하기 때문에 봉사 관행의 변화를 살피는 데는 한계가 있다. 『죽소부군일기』에는 고조가 되는 권선의 봉사에 대한 기록을 찾을 수 없지만 그와 인척관계를 맺은 오천 광산김씨나 천전 의성김씨 집안에서 드러나는 4대 봉사의 흐름에 동참했을 것으로 볼 수 있다.
79) 『退溪集』 권39, 「答鄭道可問目」. "墓所齋舍, 爲祭而設, 其行於此, 豈害於事?"

조부모의 기제사는 각각 4회 기록되었고 공주목사, 대구부사 재임 시에는 1일간 공무를 보지 않으며 재계齋戒했다. 선친의 기제사는 결락된 부분과 처상 때를 제외하고는 모두 기록되어 있다. 권문해는 2일간 재계를 행한 적도 있지만 급한 공무가 있을 때는 재계를 거르는 경우도 있었다. 공주목사 재임 시에는 가묘가 예천종가에 있었으므로 제사 며칠 전에 필요한 과일과 전물을 가묘로 보내 아우에게 제사를 대신 지내도록 했다. 본인은 당일 큰 상을 차려 제사를 지내고 아랫사람들에게 음식을 내려주었으며 하루 종일 업무를 보지 않았다.80)

본 종친 외에도 외가와 처가 친족의 기제사도 시행되었다. 외증조부와 외조부모, 처와 빙부(곽명), 계빙부(박지)의 기제사가 기록되어 있는데, 모두 2회 내로 소략하다. 그 외 김복일의 처인 누이의 첫 기일에는 제사를 지내주고 애통한 마음으로 시를 짓기도 했다.81) 생질 김숙의 기일도 차마 지나칠 수 없어 권현으로 하여금 제물을 준비해서 제사를 지내게 했고82), 첩모를 위해서도 기제사를 지내 주는 모습을 볼 수 있다.83)

권별은 증조모와 조부모, 부와 전모의 기제사를 지냈는데, 자기가 담당한 경우만 기록한 것으로 윤회봉사 형태로 이해된다. 조부의 기제사는 1625년에는 병으로 참석하지 못했고, 1626년에는 직접 제사를 지냈다. 조모의 기제사는 1626년에 권문연의 장남 권건의 집인 개포댁에서 지냈다. 선친과 전모의 기제는 권별 남매가 윤행했고, 외조부의 기제에 참석하기도 했다. 권별은 역병이 번질 때는 향을 사르지 않고 간단히 전奠만

---

80) 『초간일기』, 1581년 9월 27일.
81) 『초간일기』, 1581년 3월 16일.
82) 『초간일기』, 1588년 11월 21일.
83) 『초간일기』, 1589년 2월 3일.

을 차리는 방식으로 기제를 지냈다.84)

〈표 3〉 권문해의 기제 시행

연도	증조부 6.11	증조모 12.11	조부 10.21	조모 5.15	부 9.27	외증조 11.17	외조부 6.26	외조모 6.23	처 6.21	빙부 12.3	계빙부 8.13
1580	결	△	결	결	결	-				○	
1581	-	-	○(1)	○	○	-	○	○		-	
1582	△ [문연]	-	-	○	-처상	-처상	-처상	-처상		-	
1583	-	○ [堤洞齋舍]	결	-	결	-	결	결	결	결	결
1584	-	결	결	-	결	결	-	-	-	-	결
1587	결	결	△[현, 객사]	결	○(2)	-	결	결	-	-	
1588	△ [현]	-	○(1)	△ (1) [현]	○(1)	○	○	○	-	○	
1589	-	-	○	○	○(1)					-	○
1590	결	결	결	결	결	결	결	결	결	결	결
1591	결	결	결	결	-式暇	결	-	-	결	결	결

※ ( )는 재계일을 표시함.

〈표 4〉 권별의 기제 시행

	증조모(5.15)	조부(9.27)	조모(2.26)	부(11.20)	전모(6.21)	외조부(8.13)
1625	○	△	-	△	○	△[朴琜]
1626	○	○	△[개포]	○	△[우곡]	-

4명절에 조상의 무덤을 배소하고 제사를 지내는 묘제 역시 유행 방식으로 이루어졌다.85) 『가례』의 묘제는 3월에 날을 가려 1년에 한 번

84) 『죽소부군일기』, 1625년 5월 15일, 6월 20일.

묘소에 가서 지내는 제사였다. 그러나 조선의 풍속은 정조, 한식, 단오, 추석의 4명절을 중시해 모두 묘소에서 제사를 지냈다. 이언적과 이이는 『가례』와는 다르지만 시속을 따르고 후한 쪽을 따른다는 점에서 4명절에 지내는 '조선의 묘제'를 인정했다.86)

권문해는 정조의 제사를 가장 중시해 대제大祭라고 칭했다. 1584년과 1588년 1월 1일에 선친인 권지의 묘소가 있는 용문동에서 제사를 지내고 '용문대제'라고 했다. 『가례』에서 정조의 제사는 참례에 해당하는 것으로 사시제와 같은 대제에 포함되지 않았다.87) 그러나 명나라 풍선의 『가례집설』에는 사시제와 정조제를 대제라고 하고 있는데, 권문해는 이에 따라 용문대제를 지냈다고 할 수 있다. 1589년 1월 1일에는 용문대제가 아니라 차례를 지낸 것으로 되어 있으므로 용문대제는 매년 거행된 것은 아니었고, 자손들이 돌아가면서 준비하는 방식으로 행해졌다.

1582년 3월 4일에는 한식을 맞이해 화장의 조부 묘소는 사촌들이 배소했고, 용문의 아버지 묘소는 매부인 김복일이 배소해 제사지냈다. 당시 권문해는 권현이 병을 앓고 있는 중이라 제사에 참석하지 않았다. 같은 해 단오에는 하루 전에 조부 묘소를 배소했고 단오날에는 용문 선영에 제사를 지냈으며, 추석에도 용문 선영에 제사를 지냈다. 1984년 2월 24일 한식 전날에는 용문 선영에 제사를 지냈다. 1589년 2월에는 한식을

---

85) 『초간일기』의 묘제는 권문해가 예천에서 생활한 1582~1583년에 집중적으로 나타나고, 1589년의 동생의 죽음 이후에는 임지인 대구에서부터 예천으로 와서 묘제를 시행하는 모습을 살펴볼 수 있다.
86) 『家禮增解』 권14, 「祭禮墓祭」. "晦齋曰, 家禮墓祭三月上旬, 擇日行之, 今世俗, 正朝寒食端午秋夕, 皆詣墓拜掃, 今且從俗, 可也. ○栗谷曰, 按家禮墓祭只於三月擇日行之, 一年一祭之而已, 今俗於四名日, 皆行墓祭, 從俗從厚, 亦無妨."
87) 『家禮增解』 권1, 「通禮祠堂」. "集說註, 小祭, 如節祀之類, 大祭, 如四時及正朝之類 ○輯覽, 按正朝謂之大祭, 與家禮不同."

즈음해 상주의 전 빙부의 묘소부터 시작해 조부와 선친의 묘소 그리고 계빙부의 무덤을 모두 둘러보고 제사를 지냈다.88)

『죽소부군일기』에도 4명절을 전후한 배소와 제사가 나타난다.89) 윤행 방식에 따랐으므로 권별뿐만 아니라 우곡누이와 4촌인 개포댁이 제사를 지내기도 했다. 권별도 처가와 외가의 묘제에 참여했는데, 1625년 5월 5일에는 유곡의 장인 묘소에서 제사를 지냈고 1626년 5월 5일에는 외조부 묘소가 있는 유리동에서 제사를 지냈다. 그러나 부계친 중심의 거주가 이루어지면서 처가와 외가의 의례에 참여하는 것은 상대적으로 축소되었다.

17세기 중반까지 기제와 묘제는 윤행 방식으로 이루어졌다. 그러나 『가례』의 의례적 질서를 통해 부계 중심의 의례가 확대되면서 처가와 외가를 위한 의례 생활의 비중은 점차 감소하게 되었다. 17세기 후반 상속제의 변화와 더불어 이러한 흐름은 더욱 급속화되었다.

6. 나오며

『초간일기』와 『죽소부군일기』를 통해 16~17세기 예천권씨가의 의례 생활을 살펴보았다. 이 시기의 일기에서 드러나는 의례 생활은 단편적이고 모순적으로 보이지만 일상과 실제라는 일기의 성격을 그대로 반

---

88) 『초간일기』, 1589년 2월 13일~23일.
89) 『죽소부군일기』, 1625년 1월 1일, 2월 28일, 5월3일, 8월 15일; 1626년 5월 4일, 8월 14일, 12월 30일. 1626년 정조, 한식과 단오는 김광보 처의 상례로 인해 제사를 지내기 않은 것으로 보인다.

영하는 것이라고 할 수 있다. 여전히 양계적 친족 관념이 강하게 드러나지만 부계친의 유대를 중심으로 종법적 의례 실천이 강조되는 과도기적 양상에 주목할 필요가 있다.

먼저 혼례는 친족관계 형성에 매우 중요한 의례로 여전히 남귀여가혼의 관행이 유지되고 있었다. 권문해는 '친영례'라는 용어를 사용했지만 실상은 남귀여가혼에 의한 것이었다. 그럼에도 불구하고 『가례』를 따르고자 하는 의식이 있었고, 여가에서 행하더라도 세부 절차를 친영에 맞추고자 했음을 알 수 있다. 물론 '여가'의 범위가 신부의 부계뿐만 아니라 모계까지를 의미한다는 것은 철저한 양계적 관념의 소산이라 할 수 있다. 그러나 남귀여가해 처가에 머무는 기간이나 혼례 후 거주 방식은 지속적으로 변하고 있었다. 신행의 시기가 빨라지고 부계 거주가 확대되면서 부계 중심의 의례 생활이 강화되는 사회적 토대가 마련되고 있었다.

다음으로 일기 속의 상장례는 죽음과 함께하는 삶과 일상을 보여준다. 일기에는 거의 매년 여러 친인척의 죽음과 상장례에 대한 기록이 나온다. 상례는 기본적으로 『가례』의 절차를 따랐고, 장례에서 여묘보다 반혼이 중시되면서 신주를 사당에 모시는 『가례』의 절차가 그대로 시행될 수 있었다. 권문해는 아버지의 상례에 여묘살이를 시행했지만 『초간일기』는 반혼을 중심으로 변화하는 양상을 보여준다. 그러나 17세기 중반 이후 예학의 발전에 따른 정교한 예담론 단계까지는 나아가지 못했다. 또한 행례 과정에서 발생할 수밖에 없는 변수에 따라 부인의 친정에서 상례가 진행되고 입관이나 장례 시기가 늦어지는 등의 변용도 쉽게 찾아볼 수 있다.

마지막으로 제례 공간으로 가묘와 재사가 자리 잡으면서 가묘를 중심으로 하는 시제와 삭망참, 재사를 중심으로 하는 4명절 제사가 이루어지고 있었다. 제사는 상장례나 전염병 등에 크게 영향을 받아서 자제들이 대신 지내거나 약례로 행하기도 했다. 그러나 가묘가 정기적인 제례 공간으로 인식되고, 재사를 중심으로 문중이 결속하는 것은 부계친 중심의 의례 실천에 중요한 계기가 되었을 것이다.

『초간일기』는 17세기의 일기와 비교하면 종법적 의례 실천에 덜 철저한 모습을 보여주는데, 대표적으로 3대 봉사와 생신제의 시행을 들 수 있다. 이러한 측면은 『가례』의 실천이 매우 점진적이고 절충적으로 행해지고 있었음을 의미한다. 조선 전기에도 『가례』로 대표되는 유교적 의례의 실천은 분명히 낯선 것이었고, 시속과 충돌하는 면이 많았다. 실제 행례 과정에서 발생하는 문제들을 해결하기 위해 폭넓은 논의가 진행되었고, 이에 따라 의례가 정교화되면서 또 다른 논쟁들이 불거지는 흐름이 17세기 이후로 전개되었던 것이다. 『초간일기』의 경우는 이러한 정교화 단계에는 이르지 못했지만 『가례』의 실천을 지향하면서 의례 질서를 확립해나가는 과정을 보여준다.

〈참고문헌〉

『世宗實錄』, 『經國大典』
『退溪集』, 『寒岡集』, 『草澗集』, 『琴棲遺集』, 『與猶堂全書』
『常變通攷』, 『家禮增解』, 『士儀』, 『大東韻府群玉』
『醴泉權氏世譜』, 『東萊鄭氏己未世譜』, 『義城金氏世譜』, 『光山金氏世譜』, 『順天金氏世譜』

권문해, 권별, 『草澗日記 – 附 竹所日記』, 한국정신문화연구원, 1997.
권문해, 장재석 외 옮김, 『초간일기』, 한국국학진흥원, 2012.

권별, 장재석 옮김, 『죽소부군일기』, 한국국학진흥원, 2012.
김령, 황동권 외 옮김, 『溪巖日錄』 1~6, 한국국학진흥원, 2013.
김해, 김광계, 『鄕兵日記, 梅園日記』, 국사편찬위원회, 2000.
이수건 편, 『경북지방고문서집성』, 영남대학교출판부, 1981.

김경숙, 「16세기 사대부 집안의 제사설행과 그 성격 − 李文鍵의 默齋日記를 중심으로」, 『韓國學報』 98, 2000, 2~39쪽.
김명자, 「'溪巖日錄'을 통해 본 17세기 전반 祭祀의 실태와 그 특징」, 『안동사학』 9·10, 2005, 347~368쪽.
김문택, 「安東 眞城李氏家 齋舍의 건립과 운영」, 『조선시대사학보』 27, 2003, 99~129쪽.
김문택, 「16~17세기 安東 眞城李氏家 墓祭 양상과 儒學的 이념」, 『고문서연구』 26, 2005, 173~208쪽.
김병금, 「權文海의 '草澗日記' 연구: 16세기 영남 선비의 삶과 문학」, 영남대학교 석사학위논문, 2014, 1~65쪽.
김소은, 「18세기 嶺南 士族의 일상과 생활의례 1: '청대일기'에 나타난 혼례를 중심으로」, 『사학연구』 88, 2007, 185~228쪽.
문숙자, 『조선시대 재산상속과 가족』, 경인문화사, 2004, 1~330쪽.
박인호, 「'해동잡록'에 나타난 권별의 역사인식」, 『한국의 철학』 52, 경북대학교퇴계연구, 2013, 83~118쪽.
박종천, 「'계암일록'에 나타난 17세기 예안현 사족들의 의례 생활」, 『국학연구』 24, 2014, 261~309쪽.
송재용, 「'묵재일기'와 '미암일기'를 통해 본 16세기의 관혼상제례」, 『한문학논집』 30, 2010, 303~320쪽.
안동문화연구소, 『예천 금당실 맛질 마을』, 예문서원, 2004, 1~278쪽.
오용원, 「'계암일록'을 통해 본 17세기 예안 사족의 일상」, 『퇴계학논집』 13, 2013, 275~301쪽.
우인수, 「17세기 초 경당 장흥효 가문의 제사 관행」, 『국학연구』 21, 2012, 445~473쪽.
유영옥, 「鶴峯 金誠一의 祭禮 意識과 行禮」, 『한국의 철학』 37, 2005, 143~176쪽.
전경목, 「'초간일기'와 '대동운부군옥'의 문헌학적 검토」, 『조선의 백과지식』, 한국학중앙연구원, 2009, 55~99쪽.
정긍식, 「'묵재일기'에 나타난 家祭祀의 실태」, 『법제연구』 16, 1999, 229~253쪽.
정긍식, 「16세기 재산상속의 한 실례 − 1579년 권지 처 정씨 허여문기의 분석」, 『법학』 제47권 제4호, 2006, 1~44쪽.
정영선, 「조선 왕실 祭祀茶禮의 禮制 성립과 그 배경에 관한 고찰」, 『유교사상연구』 25, 55~93쪽, 2006.

조형기, 「草澗 權文海의 學文性向과 詩世界」, 『동양예학』 22, 동양예학회, 2009. 189~23쪽.
최재남, 「초간 권문해의 삶과 시세계」, 『한국한시작가연구』 6, 한국한시학회, 2001, 219~245쪽.